선진국을
만드는
농업인

남 상 일
지   음

창 의 적   비 즈 니 스   모 델 의   개 발

선진국을 만드는 농업인

**한국 농업의
위치와
발전 방향**

**창의적
발상을 위한
생각의
길잡이**

**소비
트렌드와
비즈니스 모델
개발**

서론

　우리나라 농업의 GDP 비중은 나날이 낮아지고 있다. 그러나 사회적으로 농업에 대한 긍정적인 관심은 높아지고 있다. 우리나라 농업이 산업으로서 선진국형 농업이 되기 위해서는 새로운 관점이 필요하다.

　선진국형 농업으로 나아가기 위해서는 창의적인 아이디어와 기업가적인 노력이 필요하다. 우리나라 경제의 발전 속도는 느려지고 있지만, 서서히 선진국형 경제로 발전해가고 있다. 이런 추세라면 우리나라 농업은 10년 정도 후에는 근본적인 변화를 겪게 될 것으로 예측된다. 이런 변화가 어떤 사람들에게는 큰 기회가 될 것이며 어떤 사람들에게는 위기상황으로 닥쳐올 가능성이 있다. 창의적인 사람들이 필요한 시대가 됐다. 특히 우리나라 농업환경은 더욱 그렇다.

　이 책에서는 글로벌경제에서 우리나라 농업의 위치와 특징을 파악하기 위해 한국, 이탈리아, 네덜란드, 미국, 일본의 다양한 통계를 이용해 각국 경제의 특성과 발전 과정에 대해 분석하고 있다. 특히 네덜란드와 이탈리아의 농업 경쟁력을 분석해 우리나라 농업의 미래 전개를 위한 방향성에 대해 독자들에게 의견을 구한다.

대부분 경제현상의 심층부에는 인구 트렌드가 관여돼있다. 그래서 우리나라 농업인구와 도시인구의 변화 추이를 분석하면 과거 우리나라 경제와 농업이 발전해왔던 트렌드를 해석할 수 있다. 이 말은 인구에 관한 자료를 이용하면 농업의 미래 예측에 관한 실마리를 얻을 수 있다는 말이 된다. 일본의 선험적인 인구 동향과 경제추세를 참고하면서 한국, 이탈리아, 네덜란드, 미국의 통계를 비교함으로써 우리나라 농업의 위기와 기회요인에 대해 분석했다.

창의적 아이디어는 모든 혁신과 기업가정신의 시작점이라고 할 수 있다. 그러나 창의적 아이디어가 저절로 찾아오지는 않는다. 많은 사람의 연구에 따르면 창의적 아이디어는 우호적 환경과 특정한 패턴 그리고 사람들의 초인지적 생각과 통찰을 통해서 발생한다. 창의적 아이디어의 원활한 발생을 위해 많은 기법이 개발됐지만 이 책에서는 이것들을 일반화해서 일반인들도 쉽게 접근하고 시도해볼 수 있는 아이디어 발상법을 제시했다. 그리고 사례를 소개하며 독자들로 하여금 나름대로 분석을 시도하고 그 과정에서 자신의 생각을 객관적으로 인지하는 기회를 제공하고자 했다. 제품기획과 비즈니스 모델 개발에서 독자들의 창의적 노력에 도움이 되길 바라는 마음이다.

우리나라 농업인들이 농업선진국 수준으로 발전하기 위해서는 생산 위주의 농업에서 소비 위주의 농업으로 관점을 바꿔야 한다. 고부가가 치형 농업을 위한 기업가적 아이디어를 창안해야 한다. 사회와 경제의 흐름에는 반드시 그 밑바닥에 어떤 동인이 있기 마련이다. 단지 사람들은 시간이 흐르고 난 후에야 이것들을 깨닫게 될 뿐이다. 따라서 소비 위주의 농업경영을 하고자 한다면 항상 소비활동의 트렌드를 주목하고 연구해야 한다. 4차산업화 시대의 큰 특징 중 하나는 소비자들을 특성화하고 최적화해서 접근해가는 길이 넓게 열려있다는 사실이다. 4차산업화 시대에는 소비활동의 트렌드에 더욱 주목해야 한다.

4차산업화 시대에는 새로운 비즈니스 모델을 만들기가 상대적으로 수월해졌다. 기술이 발전함에 따라 사회적 소통수단의 효율과 능력이 극대화되고 있으며 사람들의 생활양식이 급격히 변화하고 있다. 이에 따라 새로운 고객가치가 발생하고 있으며 이를 먼저 발견하고 개념화하는 사람들은 투자와 지원을 받기 쉬워졌다. 우리나라의 농업환경은

선진국을 만드는 농업인

서구의 대규모 농업이나 동남아시아의 열대농업과 경쟁하기에 불리한 것은 사실이다. 그러나 생각과 경험의 측면에서는 불리할 이유가 전혀 없으며 오히려 내부적으로 치열한 경쟁과 대승적 협력 그리고 발전된 기술기반을 통해서 더욱 혁신적인 아이디어를 창출할 수 있는 여건이 조성돼있다.

쌀을 위주로 하는 우리나라 농업은 국제시장 경쟁력의 부족으로 적지 않은 국가적 비용을 감수하고 있다. 사정이 이렇다 보니 벼농사에 대한 우리들의 시각은 언제부턴가 조금은 수세적이라는 생각이 든다. 그러나 세계 벼농사의 판도는 서서히 변화하고 있다. 세계경제의 글로벌화로 신흥국들의 경제발전 속도가 빨라지고 있으며 신흥국들의 젊은 인구구조는 앞으로 최소한 50년 정도는 매우 역동적인 시장을 형성할 것이다. 선진국과 신흥국 그리고 저개발국을 동시에 아우르는 경영전략을 글로벌 전략이라고 한다. 우리나라 농업인들의 시야를 글로벌화하기 위해 세계 쌀시장의 현황과 트렌드에 대한 내용을 말미에 일부 언급했다.

서울 용산에 있는 국립중앙박물관에는 농업에 관련된 희귀한 유물이 전시돼있다. 다음 페이지에 있는 사진은 청동기시대의 유물로서 농업생산 작업에 관한 행위를 상징적으로 나타낸 청동기다. 큐레이터의 설명에 따르면 농업에 관한 내용이 표현된 청동기시대 유물은 세계적으로 5개 이내일 정도로 희귀해서 많은 나라의 역사 교과서에 인용된다고 한다. 머리에 깃털 장식을 한 사내가 힘차게 땅을 일구는 모습 등은 역동적일 뿐 아니라 전체적으로 당시의 간절한 소망을 상징한다는 느낌을 강하게 받는다. 청동기시대의 우리 조상들의 생각이 이랬다면 현재를 살아가는 사람들의 농업에 관한 생각에도 식량생산 이상의 어떤 가치와 소망이 있다. 이러한 가치를 현대에는 농업의 다원적 가치라고도 한다. 이제는 생산 위주의 농업으로부터 소비 위주의 농업으로 발전하기 위해 사람들의 희망이 담긴 그 어떤 가치에 주목해야 한다. 이러한 가치에 주목하고 창의적으로 구체화 전략을 생각하는 농업인들이 앞으로 우리나라의 농업을 선진국 수준으로 만들어갈 것이다.

2019년 어느 가을날
저자 농학박사 남상일

제3장

창의적 아이디어의 발생

제4장

소비트렌드의 발생

성공하는 비즈니스 모델

진화하는 세계 쌀시장

제1장

우리나라 농업의 위치와 방향성

세계경제에서 농업이 차지하는 GDP 비중의 변화

농업이라는 산업은 생명공학, ICT기술 등이 적용되고 4차산업화의 대상이 되면서 본질적 가치를 더해가고 있지만, 금액으로 환산한 세계경제의 GDP라는 시각에서 바라보면 타 산업 분야와 비교해서 상대적으로 비중이 낮아지고 있다.

그림 1-1은 세계 GDP, OECD국 GDP, 한국 GDP에서 각각 농림수산업이 차지하는 비중을 퍼센트(%)로 나타낸 것이다. 어떤 독자들은 좀 실망스럽게 느낄지도 모르겠지만 시간이 갈수록, 선진국이 될수록 농업의 GDP 비중은 낮아지고 있다. 그러나 실망할 필요는 없다. 그렇다고 해서 농업의 역할이 줄어드는 것은 아니며 그 의미는 더욱 중요해지는 측면이 있을 뿐 아니라 이러한 경향 속에 새로운 기회가 잠재하기 때문이다.

2016년 기준 세계경제에서 농림수산업이 차지하는 비중은 약 3.6% 이며 우리나라의 경우는 약 1.9%다. 선진국의 모임이라고 할 수 있는 OECD국의 경우는 약 1.4%다. 신흥국과 선진국의 경계선에서 선진국으로 도약하고 있는 우리나라의 농림수산업 비중이 1.9%고 OECD국의 농업비중이 1.4%인 점을 감안하면 우리나라의 농림수산업 비중은 앞으로도 일정기간 서서히 지속적으로 낮아질 것이고 현재 3.6%인 세계 농림수산업의 비중도 세계경제가 계속 발전한다면 언젠가는 3% 이하로 내려갈 것으로 예측할 수 있다.

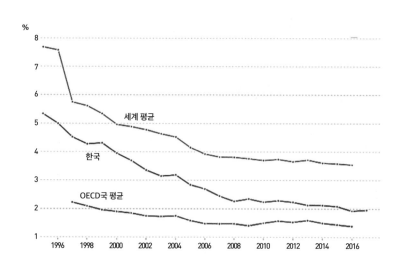

[그림 1-1] 농림수산업의 GDP 비중   (자료: 세계은행, 2019. 1.)

그런데 세계경제에서 농림수산업의 비중이 낮아지는 이유는 1차산업인 농업 등의 산업이 생산기간이 오래 걸리고 기후에 의한 제약이 있는 등 다른 산업에 비해 생산성이 낮을 수밖에 없는 이유가 있기는 하지만 그 배후에는 인구의 이동이라는 또 다른 원인이 자리 잡고 있다. 인류의 문명이 시작된 이래 사람들은 도시로 이동하고 있다. 도시에는 더 많은 기회가 있기 때문이다. 경제적 거래가 일어나고 다양한 정보를 얻을 수 있으며 편의시설도 많고 일자리도 생긴다. 따라서 사람들은 옛날에도, 지금도 도시로 향하고 있다.

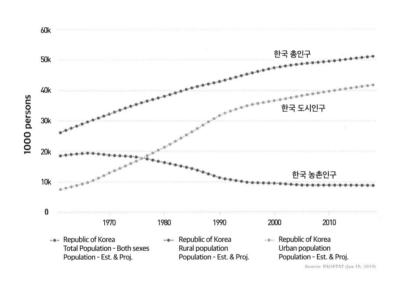

[그림 1-2] 한국의 총인구, 도시인구, 농촌인구의 변화 추이   (자료: FAOSTAT, 2019. 1.)

그림 1-2는 한국의 도시와 농촌인구의 변화를 나타낸 것이다. 우리나라의 농촌인구는 1966년을 정점으로 그 이후 지속적으로 감소하고 있다. 동시에 그만큼 도시인구는 증가하고 있다. 우리나라 경제는 경제

개발5개년계획 등으로 대표되는 개발정책으로 강력한 공업화 정책을 추진하면서 수출형 경제로 발전해왔다. 동시에 공업화 정책을 지지하기 위해 농촌지역의 노동력을 공업과 서비스업 부문으로 공급했다. 따라서 농촌의 인구는 빠른 속도로 줄어들고 도시의 인구는 그만큼 빠르게 증가했다. 2018년 FAO 예측치로 한국의 농촌인구 비율은 16.9%다.

농촌인구의 도시이동현상은 세계적으로 대부분 국가에서 발생하고 있으며 이런 현상을 도시화라고 부르기도 한다. 일반적으로 그 지역의 인구가 줄면 GDP는 감소한다. GDP는 경제적 부가가치를 시장가격으로 환산한 것이다. 사람들의 경제활동은 부가가치를 창출한다. 따라서 인구가 감소하면 자연스레 그 지역의 GDP는 감소한다.

그림 1-3은 서유럽 국가들의 인구 변화를 도시와 농촌지역으로 나눠 나타낸 것이다. 우리나라에서 농촌과 도시인구가 역전된 시기는 1976년이었는데 선진국이 모여 있는 서유럽 지역에서는 이미 1960년대 이전에 도시인구가 농촌인구를 추월했으며 지금도 끊임없이 농촌인구는 줄고 도시인구는 증가하고 있다. 그런데 그 변화 속도는 완만하며 21세기 들어서부터는 조금 더 빨라지고 있다. 우리의 미래 모습을 함의한다고 생각한다. 서유럽 국가들의 총인구 대비 농촌인구 비율 평균은 20.4%다. 좀 더 넓은 영역으로 보면 유럽연합(EU) 국가들의 평균값은 24.9%다. 어느 쪽으로 보더라도 우리나라보다는 높다. 그만큼 우리나라의 공업화 정책은 우리나라의 산업구조를 유럽 평균보다도 더 공업 분야에 치중하게 만들었으며 농업 분야는 과소하게 만들었다.

그러나 이것은 우열의 문제라고 보기보다는 선택에 의한 결과라고 생각한다.

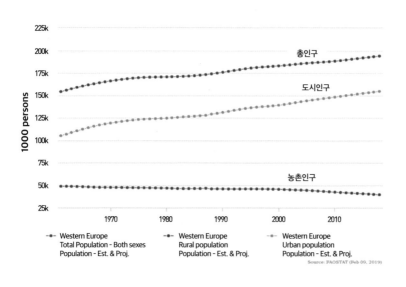

[그림 1-3] 서유럽의 도농 간 인구 변화 추이　　　　　　　(자료: FAOSTAT, 2019. 1.)

이 책에서는 우리나라 농업의 위치를 파악하기 위해 다양한 국제통계를 인용하고 있다. 그런데 FAO나 세계은행의 통계에서는 농·림·수산업을 하나의 항목으로 잡고 있기 때문에 농업 분야만을 단독으로 분리할 수는 없다. 그런데 대부분의 나라에서 농림수산업 중 농업의 비중이 훨씬 크기 때문에 이 책에서는 농업 관련 트렌드를 파악함에 있어서 농림수산업에 관한 통계를 농업에 관한 대표치로 삼아 분석하고 표현하고자 했다.

한국 농업의 GDP 비중
변화와 위치

    세계적으로 농업 분야에서 나름대로 성공적으로 국가 경영을 하고 있는 나라는 많이 있다. 그러나 이 책에서는 우리나라와 유사한 환경을 갖고 있거나 참고가 될 만한 특성을 가진 국가로서 이탈리아, 네덜란드, 미국, 일본을 비교 대상으로 삼았다. 이 국가들 중 우리나라와 농업환경이 가장 유사한 국가는 일본이다. 이탈리아는 어느 정도 우리나라와 유사하고 우리가 참고해야 할 점이 있는 국가이며 네덜란드와 미국은 우리나라의 농업환경과는 차이가 크지만 차이가 나는 만큼 참고해야 할 점이 많은 나라들이다. 그래서 앞으로 우리나라 농업의 위치를 파악하고 앞으로의 전개 방향을 선택함에 있어서 이들 4개국의 농업 관련 지표들과 우리나라 농업 관련 지표를 비교하며 분석하도록 한다.

	한국	미국	일본	이탈리아	네덜란드
국토면적 (km²)	96,920	9,147,593	364,485	294,140	33,893
농업면적 (국토 대비 %)	18.1	44.5	12.5	47.1	55.1
경종면적 (국토 대비 %)	15.3	16.8	11.7	22.8	29.8
산림면적 (국토 대비 %)	63.9	33.3	68.5	31.4	10.8
총인구 (천 명)	51,418	329,256	126,168	62,246	17,151
생산가능 인구 비율 (15~64세, %)	72.4	65.35	58.92	64.71	64.62
인구증가율 (%)	0.44	0.8	-0.24	0.16	0.36
합계출산율 (명/여자)	1.27	1.87	1.42	1.45	1.78
GDP성장률 (2017, 연간 %)	3.1	2.3	1.7	1.5	3.2
인당 GNI (US$, 2017)	28,380	58,270	38,550	31,020	46,180
인당 구매력기준 GDP(US$, 2017)	39,500	59,800	42,900	38,200	53,900
경상수지(10억US$, 2017)	78.46	-449.1	196.1	53.42	87.46

[표 1-1] 선진 5개국 국가 및 농업 현황 비교 (자료: 세계은행, CIA Factbook, 2019.2.)

표 1-1은 농업 관련 지표로서 ①지리적 측면에서 국토면적 대비 농업면적, 경종면적, 산림면적을 표시했다. ②인구구조 측면에서는 생산가능인구 비율, 인구증가율, 합계출산율을 표시했다. ③경제지표 중에

서는 인당 GNI, 구매력기준 인당 GDP(PPP)를 그리고 ④경제의 건전성에 관련해서 소비자물가상승률, 실업률, 경상수지를 표시했다. 이 표는 독자들이 앞으로 이 책에서 다양한 비교를 하는 과정에서 가장 기본적인 국가별 지표로서 참고하는 데 이용되도록 하기 위해 우선 제시한 것이다.

그림 1-4는 한국, 미국, 일본, 이탈리아, 네덜란드의 GDP 중 농업이 차지하는 비중을 1995년부터 나타낸 그림이다. 5개국의 GDP에서 농업이 차지하는 비중을 보면 한국, 이탈리아, 네덜란드는 약 1.9%대로 비슷한 수준이며 미국과 일본은 약 1%대로 서로 비슷하다. 앞으로 농업의 GDP 비중 관련 트렌드를 통해 우리나라 농업의 위치에 관해 알아본다. 그러나 어느 정도가 더 좋다고 하는 평가를 하고자 하는 것은 아니다. 왜냐하면 나라별로 농업의 GDP 비중이 현재의 값을 갖게 된 것은 그 나라의 자연환경과 역사적 진행과정의 결과일 뿐이기 때문이다. 오히려 중요한 점은 그 나라에 사는 농업인들이 현재의 농업 GDP의 결과로, 그 나라의 경제적 수준과 상황에서 적당한 소득을 얻을 수 있고, 앞으로도 행복하게 일상을 살 수 있으며, 이러한 삶이 지속가능할 정도의 경쟁력을 유지할 수 있는지의 여부다.

네덜란드 농업은 상대적으로 국토면적이 좁은데도 불구하고 화훼류와 채소류에 대한 시설원예 분야에서 세계적인 경쟁력을 갖고 있으며 전략적으로 농업 분야에 대한 선택과 집중을 추구하고 있다. 유럽 지역의 청과물시장에서 발달하고 있는 대량유통 시스템에 적극적으로

선진국을 만드는 농업인

적응하며 인접한 독일시장을 위시해 전 세계 시장으로 수출하고 있다. 지리적으로 육상운송에 매우 유리한 상황이다. 2016년 농산물 총 수출액은 788억 US$로 미국 다음으로 세계 2위다. 그러나 선택과 집중 전략은 경우에 따라서는 오히려 추격자들의 강력한 공세에 경영적으로 불안정할 수 있다는 약점이 있다. 네덜란드의 농산물 수출은 최근 스페인과 폴란드의 저가 공세에 고전하고 있다.

이탈리아의 농업환경은 우리나라와 비슷한 점이 많다. 같은 반도 국가이며 남북으로 아펜니노산맥이 우리나라의 태백산맥처럼 뻗어있고 산악 지형이 많은 관계로 평지 면적이 작으며 이탈리아 북부의 포강과 아디제강이 흐르는 평야지대에서는 우리나라처럼 벼를 재배하고 있다. 우리나라와의 차이점은 구릉지를 많이 개발해서 포도 등 영속작물을 재배한다는 점이다. 이탈리아 농업생산액은 유럽에서 프랑스와 독일에 이어 EU 3위이며 이탈리아의 농업은 고급화를 추구한다. 세계적으로 유명한 최고급 패션 브랜드 보유국답게 이탈리아 와인, 엑스트라 버진 올리브유(EXV) 등은 세계적 명성을 얻고 있다. 그러나 최근 이탈리아의 정치와 경제 분야는 혼란에 빠져 있다. 그 결과로 인해 발생하는 높은 실업률은 안타까운 일이다.

이탈리아에서 지금 잘나가는 산업은 농업밖에 없다는 말이 있을 정도로 다른 산업 분야는 좋지 않은 상황인데 반해 농업은 잘되고 있다. 농업 분야가 잘나가니 수상한 조직까지 끼어들고 있다고 한다. 이탈리아의 올리브유는 그 품질에서 세계적 명성을 얻고 있다. 알려진 바에 따르면 최고품의 경우 이익률이 700%에 이른다고 한다. 올리브와 더불어 아보카도, 토마토 등도 이름값이 높다. 수상한 조직이 끼어들고 있다는 말은 실제로 마피아 조직이 생산과 유통에 참여하기 때문이다. 이탈리아어로 농업(Agricoltura)과 마피아(Mafia)를 합친 신조어인 아그로 마피아의 연간 매출이 125억 유로에 이른다고 한다. 이탈리아에서 농업이 대박 나는 이유는 농업기술이나 환경의 영향뿐만이 아니다. 이탈리아산 농산품과 가공품이 고객의 마음에 제안하는 그 어떤 가치를 갖고 있기 때문이다. 이 책의 후반부에서는 독자들이 그 무엇을 찾기 위한 방법론을 제시할 것이다.

그림 1-4에서 이탈리아와 네덜란드의 2017년 GDP 농업 비중은 비슷하지만 전개되는 양상은 서로 다르다. 이탈리아 농업의 GDP 비중은 2000년 이후 2009년까지 서서히 감소했다. 이 기간 이탈리아의 GDP 성장률은 2000년도 3.71%를 기록하며 호조세를 보였으나 그 후 서서히 추락하며 미국의 금융위기 발생 이후 2009년에는 GDP성장률이 -5.48%를 기록하는 등 최악의 시기를 겪었다. 그리고 2014년부터 겨우 +0.11% 성장하며 안정세를 찾아가고 있다. 경제가 불안정했던 2009년부터 2013년 사이 이탈리아의 농촌인구는 2000년 이래 가장 높은 수준을 기록했다. 이 기간 농업의 GDP 비중은 증가했다. 경제가 상대적으로 안정적이었던 2014년부터 2018년까지 농촌인구는 서서히 도시로 이동했으며 자연스레 농업의 GDP 비중도 감소했다.

2010년의 이탈리아의 농촌인구는 약 19.2백만 명이었으며 2018년

선진국을 만드는 농업인

의 농촌인구는 약 18.7백만 명이었다. (FAOSTAT 자료 인용) 이탈리아에서는 경제가 좋아지면 사람들이 도시로 이동하고 경제상황이 나빠지면 사람들이 농촌으로 이동하는 경향을 보인다.

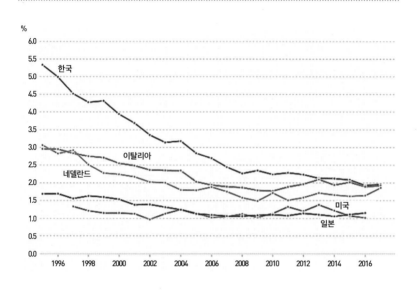

[그림 1-4] 5개국에 대한 농림수산업의 GDP 비중 변화 비교   (자료: 세계은행, 2019. 1.)

그러나 네덜란드의 양상은 이탈리아와 다르다. 네덜란드 농업의 기본 방향은 선택과 집중이다. 2000년대에 들어서 네덜란드에서는 농업법인에 의한 농업경영의 대규모화 및 고도화가 진행되고 있다. 시설재배농가의 평균 농지규모는 3ha였으나 최근에는 10ha규모의 생산자도 많아지고 있다. 규모화되고 있는 농업법인들은 생산원가를 절감하고 생산성을 높이며 균일한 품질을 확보하기 위해 연구개발에 적극적으로 투자하고 있다. 따라서 농업생산자 간의 경쟁도 치열하다. 이러한 정책적 변화의 결과로서 경쟁력 있는 농업법인들은 더욱 대규모화를 도모하면서 생산되는 농산물의 국제경쟁력을 강화하고 있다.

네덜란드 경제도 같은 유로존의 이탈리아 경제와 마찬가지로 2000년 GDP성장률은 4.24%에 달했으며 2009년에는 -3.77%까지 하락했다. 그리고 2014년부터 +1.42% 성장하며 안정화되고 있다. 그러나 이 기간에 네덜란드의 농촌인구는 GDP성장률의 부침과 상관없이 지속적으로 감소했다. 농업법인의 구조조정에 의한 대규모화의 결과다. 또한 이 기간 농업의 GDP 비중은 농촌인구가 감소했음에도 불구하고 서서히 상승하고 있다. 농업법인들의 규모 확대에 의한 농업생산의 생산성과 경쟁력이 높아진 결과다.

여기서 이탈리아와 네덜란드 농업의 사례를 들어 설명한 것은 우열을 논하기 위해서가 아니다. 단지 두 사례를 서로 비교하고 농업생산의 환경적 조건 차이를 생각하며 우리나라 농업에 대해 생각해보기 위한 것이다. 그림 1-4에서 나타낸 농업의 GDP 비중은 타 산업의 GDP 비중 변화와 같이 해석하면 그 의미에 더욱 접근할 수 있다.

선진국을 만드는 농업인

03

국가별 산업구조의
특징

그림 1-5는 한국, 미국, 이탈리아, 네덜란드, 일본에 대한 공업의
GDP 비중을 나타낸 것이다. 대부분의 선진국은 공업의 GDP 비중이
20% 전후다. 그러나 국가 산업정책을 공업에 치중하는 나라들은 공
업의 GDP 비중이 30% 정도다. 이런 나라들 중에는 독일과 일본이 있
다. 그런데 우리나라의 경우 공업의 GDP 비중이 2017년을 기준으로
35.9%다. 세계적으로도 높은 수준이다. 제조업의 경쟁력은 국가경쟁
력에서 핵심적으로 중요하다. 경제발전과 복지에 중요한 일자리 창출
측면에서도 제조업은 중요하다. 쇠퇴하고 있는 영국 경제의 밑바닥에
는 제조업 경쟁력의 하락이 관련돼있다. 우리나라는 인구수와 국토면
적상의 제약으로 내수시장규모가 크지 않다. 그러나 이런 제약을 극복
하고 경제를 발전시키기 위해서 수출 위주의 경제로 방향을 잡아야 했

다. 국제경쟁력을 유지할 수 있을 정도의 경제규모를 확보하기 위해서 해외시장의 개척과 확보는 매우 중요했다.

그림 1-6은 서비스업의 GDP 비중에 대한 5개국 간의 비교를 나타낸 것이다. 선진국들의 서비스업 비중은 높다. 미국, 영국, 프랑스의 서비스업 비중은 이미 70% 수준으로 올라가 있다. 지식기반산업이 중요해진 현대사회에 있어서 서비스산업은 고부가가치산업이며 창의력을 많이 필요로 할 뿐 아니라 일자리도 많이 창출한다. 그러나 우리나라 서비스산업의 GDP 비중은 50%대 초반으로 상대적으로 낮다. 서비스산업 중에서도 부가가치가 높은 과학기술, 엔지니어링, 투자금융, 경영기획, 교육, 예술 등의 분야에서 우리나라의 경쟁력은 아직 최상위 선진국들에 비해 많이 부족하다.

서비스산업의 경쟁력 부족은 농업과 공업 분야의 경쟁력을 높여가는 데에도 장애물로 작용할 수 있다. 지식기반형 4차산업화 시대는 전 지구적으로 우리의 일상을 변화시키고 있다. IoT, ICT, 빅데이터(Big Data)의 시대에 5G 통신망이 연결되고 인공지능(AI)이 초고속 통신망을 타고 작동하기 시작하면 자율주행의 시대는 더욱 빠르게 다가올 것이며 인간을 대신하는 로봇의 역할도 확대될 것이다. 사람들의 생활양식과 의사결정 과정에서 데이터기반형 지식산업의 지형은 더욱 넓어질 것이다. 이러한 변화들은 농업과 공업의 구조를 근본적으로 변화시킬 것이다. 그러나 창의적인 발상과 새로운 시대의 새로운 가치를 창출하는 주체는 어디까지나 창의적인 인간들의 역할이다. 이러한 사람들이

선진국을 만드는 농업인

주로 활약하게 될 산업 분야는 아마도 서비스산업 분야가 될 것이다.

우리나라의 서비스산업과 공업 분야의 GDP 비중의 변화를 살펴봤다. 앞으로 우리나라가 세계 속에서 확고한 선진국으로 도약하기 위해서는 우선 서비스산업의 발전이 필요하다는 점은 대부분 공감할 것으로 생각한다. 그러나 서비스산업은 공업 분야처럼 투자를 유치하고, 기술을 들여온다고 해서 단기간에 발전하지는 않는다. 서비스산업 분야에서는 다른 사람들이 공감할 정도의 지식적이고, 독자적이고, 창의적인 성과 없이는 다른 사람들의 인정을 받을 수가 없다. 서비스산업의 수준은 그 나라의 발전된 정도에 대한 척도가 될 것이며 그 나라의 종합적 성숙의 결과물이라고도 할 수 있다. 따라서 단기간에 서비스산업의 수준이 높아지기는 쉽지 않은 일이라고 할 수 있다.

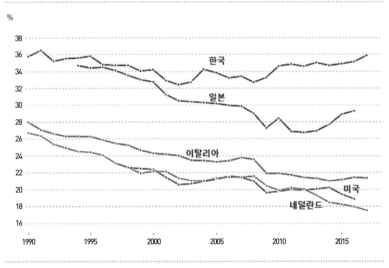

[그림 1-5] 5개국에 대한 공업의 GDP 비중 변화 비교　　　　(자료: 세계은행, 2019. 1.)

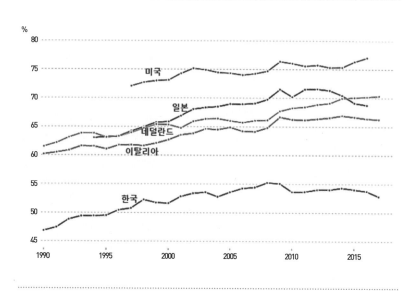

[그림 1-6] 5개국에 대한 서비스업의 GDP 비중 변화 비교   (자료: 세계은행, 2019. 1.)

　　서비스산업이 앞으로 중요하지만 제조업을 위주로 하는 공업 분야를 소홀히 할 수는 없다. 독일과 일본의 국가경쟁력에서 제조업은 확실한 강점으로 작용한다. 일정 수준의 정규직 일자리도 많이 확보할 수 있다. 그러나 지금과 같은 글로벌 시대에서 특별한 전략적 이유가 없다면 제조업의 공장과 연구소를 계속 국내에만 위치하도록 강제하기는 어렵다. 제조업은 글로벌 경쟁력을 확보하기 위해 시장이 있는 곳에 생산 공장과 연구소를 위치시키는 것이 가장 바람직하기 때문이다. 자국 기업에 대한 U턴 정책 같은 사안은 경제적 이유보다는 정치적인 이유에서 나오는 경우가 많다. 아무튼 세계적으로 경쟁기업들이 글로벌 전략으로 무장하고 나오는데 우리나라 기업들을 국내에 묶어

　　　　　　　　　　　　　　　선진국을 만드는 농업인

두기만 할 수는 없는 일이다.

그렇다면 농업 분야에서는 앞으로 어떻게 글로벌 경쟁의 시대를 헤쳐나가야 하는가? 그리고 그 목표를 추구하는 방향을 어떻게 설정해야 하는가에 대한 깊은 고민이 필요하다. 이런 관점에서 농업생산자 1인이 생산하는 부가가치에 대한 국가 간 비교를 나타내는 국제통계를 소개한다.

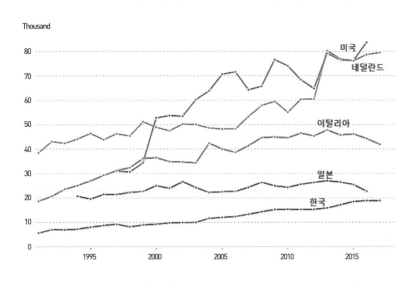

[그림 1-7] 5개국에 대한 농업생산자 1인당 부가가치 생산액 비교 (constant 2010 US$, 자료: 세계은행, 2019. 1.)

그림 1-7은 한국, 미국, 이탈리아, 네덜란드, 일본 5개국의 농업생산자 1인당 부가가치 생산액의 연도별 추이를 나타낸 것이다. 미국과 네덜란드 농업생산자들의 부가가치 생산액은 이미 그 나라의 국민 1인당

GDP보다 높다. 2010년 미국 달러 가치로 표시해서 네덜란드의 2017년 인당 GDP는 US$ 53,598이며 미국은 US$ 53,129인데 그림 1-7의 미국과 네덜란드의 농업생산자 부가가치 수준은 8만 달러 대에 가 있다. 이탈리아는 미국과 네덜란드보다는 낮지만 농업생산자의 1인당 부가가치 생산액이 국민 평균 인당 GDP보다 높다. 이것이 선진국 농업의 현 위치다. 미국과 네덜란드 농업생산자의 부가가치 수준이 높은 이유는 그만큼 투입 대비 생산성이 높기 때문이다. 농업생산이 합리적 경영전략에 기초하고 있고 높은 생산성과 고객가치 창출로 경쟁력을 갖고 있기 때문이다.

한국과 일본의 농업생산자 1인당 부가가치는 이탈리아의 농업생산자보다 훨씬 낮다. 또한 양국의 농업생산자 1인당 부가가치는 해당국 국민 1인당 GDP보다도 낮은 수준이다. 농업생산자들이 평균적인 국민들보다 잘 살지 못한다는 말이다. 물론 한국과 일본의 농업인당 경지규모가 작기 때문에 부가가치 생산 총액이 상대적으로 적을 수밖에 없다. 그러나 농업인구의 감소에 따라서 경지규모가 서서히 커지고는 있다. 선진국으로 진입하고자 하는 우리나라의 농업은 산업의 구조상으로나, 농업인 1인당 부가가치 생산액의 수준 차이로 봤을 때 선진국형 농업이 되기 위해서는 새로운 발상의 전환이 필요하다.

그림 1-8은 5개국의 1인당 GDP의 연도별 추세를 나타낸 것이다. 최근 한국은행에서는 우리나라의 1인당 국민총소득(GNI)은 3만1,000달러로 계산됐다고 발표했다. 물론 아직 GDP디플레이터가 추계되지 않아

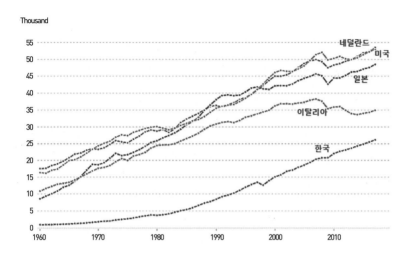

Thousand

네덜란드
미국
일본
이탈리아
한국

[그림 1-8] 5개국의 1인당 GDP 추세 비교　　　(constant 2010 US$, 자료: 세계은행, 2019. 1.)

서 국민소득 3만 불 돌파 시점은 변동될 수 있다고 했다.(2019. 1. 22.) 국민소득이 3만 달러를 돌파했다는 것은 일반적으로 그 나라 경제가 선진국에 진입했다는 것을 의미한다. 그러나 농업인들의 총소득은 이보다 낮다.

표 1-1에서 구매력기준GDP란, 나라마다 물가 수준이 다르기 때문에 나라 간의 GDP 수치를 직접적으로 비교하기 곤란하므로 세계 평균적인 물가로 환산한 GDP다. 즉, 그 나라의 물가 수준을 감안한 비교가 가능토록 한 것이다. 구매력기준GDP로 볼 때 우리나라의 구매력기준GDP는 이탈리아보다 높다. 물가를 고려한 구매력기준GDP 측면에서

는 우리나라 국민들이 이탈리아 국민들보다는 잘 살고 있다는 뜻이다.

어쨌든 그림 1-8에서 1인당 GDP로 보면 이탈리아가 우리보다 약 1.3배 높은데 그림 1-7의 농업생산자 부가가치는 이탈리아가 우리보다 2배 이상 높은 수준이다. 우리나라의 평균적인 국민들은 구매력기준GDP로 볼 때 이탈리아 국민들에 비해 비슷한 정도의 생활을 하고 있으나 우리나라 농업인들의 부가가치 생산을 고려한 생활수준은 국제적으로 비교했을 때 상대적으로 훨씬 낮은 수준에 머물러 있다고 판단된다.

따라서 우리나라가 선진국이 되기 위해서는 국민 1인당 GDP가 3만 달러를 넘어 4만 달러 수준으로 올라가야 하는 것뿐 아니라 농업생산자 1인당 부가가치 생산액이 국민 평균이라고 할 수 있는 1인당 GDP에 비해 최소한 비슷하거나, 상대적으로 더 높아질 수 있어야 명실상부한 선진국이라 할 수 있다. 국제통계를 이용한 선진국들과의 비교에서 나타나는 문제다.

04

네덜란드와 이탈리아 농업의
특징과 경쟁력

어떤 나라 산업의 경쟁력을 파악하고자 한다면 그 나라에서 수출하고 있는 재화와 수입하고 있는 재화를 조사해보면 알 수 있다. 그 나라에서 무엇인가를 수출하고 있다는 것은 그만큼 그 분야에서 경쟁력을 갖고 있기 때문에 가능한 일이다. 이탈리아와 네덜란드 농업의 특징과 경쟁력을 파악하기 위해 두 나라의 농업 분야에서 수출하고 수입하는 농산물을 조사했다.

표 1-2에서 보는 바와 같이 네덜란드에서 수출액이 수입액보다 많은 3대 농산물은 과일 및 신선 채소, 치즈, 닭고기이며 조방적 농업생산이 유리한 밀과 옥수수는 수입하고 있다. 네덜란드는 자신들의 농업환경에 맞춰 철저하게 선택과 집중 전략을 실행하고 있다. 유럽 전 지

	수출 (백만 US$)	수입 (백만 US$)
밀	98	853
옥수수	135	878
과일 및 신선 채소	17,357	11,814
우유	111	14
치즈	3,257	970
와인	269	1,074
소고기	728	672
돼지고기	515	90
닭고기	2,092	550

[표 1-2] 네덜란드의 주요 농산물 수출입액 비교 (자료: FAOSTAT, 2018)

역과 비교했을 때 자신들이 자연환경 측면에서 유리하거나 기술적으로 우위에 있는 분야에 집중하고자 했다. 그리고 집중적으로 연구개발비를 투자해서 시설원예 분야에서는 세계적인 선도국가가 됐다. 시설 내부에서 수행하는 농업에 대한 노하우는 닭고기와 돼지고기를 생산하는 데 있어서도 큰 힘을 발휘하고 있다는 것 또한 이 표에서 발견할 수 있다.

네덜란드가 이런 방식으로 수출형 농업의 길로 가게 된 데에는 나름대로 전략적 판단이 있었을 것이다. 우선, 네덜란드의 내수시장규모는 유럽의 다른 나라들에 비해서 작다. 당연히 수출할 수 있는 농업작물을 발굴해야 했을 것이다. 그리고 역사적으로도 네덜란드는 동인도회사의 발상지로서 세계 차원의 농업생산과 무역에 대해 풍부한 경험을 갖고 있다. 이러한 경험은 농업개발 프로젝트를 기획하고 추진하는데 크게 기여했을 것이다. 그리고 놓쳐서는 안 될 부분이 있다. 유럽 내에서 네덜란드의 지정학적 위치다. 네덜란드는 역사적으로 기업가정신이 강했을 뿐 아니라 유럽 내 다른 국가로 농산물을 유통할 때에 냉장 트럭을 이용해서 신속하고 낮은 원가로 육로운송이 가능한 지정학적 비교우위를 갖고 있다.

또한 네덜란드는 19세기에 겨자씨를 이용해 겨자채(발아 채소)를 생산하는 크리스텐센의 사례가 역사적으로 식물공장에 대한 최초 시도 국가인 것으로 알려져 있다. 이런 경험들이 어우러져서 현재와 같은 시설원예 분야의 선도국가가 됐다고 생각한다. 주식회사라는 기업의 형태 역시 네덜란드에서 탄생했다. 따라서 네덜란드의 농업은 철저히 기업경영적인 가치관과 문화가 강할 것으로 생각한다. 이런 역사적이고 사회적인 배경에서 네덜란드의 농업은 자연스럽게 효율을 중시하는 형태로 발전하게 됐을 것이다.

표 1-3은 이탈리아의 주요 농산물의 수출입액을 나타낸 것이다. 이탈리아는 유럽에서, 프랑스 다음가는 농업 2위 국가다. 그러나 산악지가 많은 자연환경상의 특징으로 밀과 옥수수 같은 작목은 외국에서 수

	수출 (백만 US$)	수입 (백만 US$)
밀	135	1,787
옥수수	60	892
과일 및 신선 채소	9,085	6,361
올리브유	1,697	1,929
와인	6,177	335
우유	10	69
치즈	2,666	1,615
소고기	1,081	159
돼지고기	138	1,551
닭고기	200	87

[표 1-3] 이탈리아의 주요 농산물 수출입액 비교 (자료: FAOSTAT, 2018)

입하는 양이 많다. 그러나 와인과 올리브유는 세계적인 명성을 얻고 있다. 와인의 경우 수입액이 약 3억 US$인데 비해 수출액은 약 62억 US$로 수입액의 약 20배를 수출하고 있다. 이탈리아 와인의 명성에 대해서는 더 이상의 설명이 필요 없을 것이다.

올리브유의 경우는 와인과는 좀 다르다. 이탈리아를 포함해 지중해식 식탁에서 올리브유의 역할은 매우 크며 사용량도 많다. 이탈리아 올리브유는 시장에서 특별한 명성을 얻고 있다. 그런데 올리브유의 수출액이 수입액보다 적다는 사실이 좀 의아할 수 있다. 이탈리아가 자체적으로 생산하는 올리브유는 연간 약 30만 톤이다. 그런데 수출하는 올리브유는 35만 톤이다. 즉 일정량의 올리브유를 외국에서 수입해야 할 정도로 수출이 많은 구조다.

이탈리아가 올리브 재배에 적합한 지중해 국가임에도 불구하고 올리브유를 수입하는 이유는 지중해의 다른 나라들로부터 올리브유를 수입한 후 자신들의 노하우로 재가공해서 엑스트라 버진 올리브유(EXV)를 만들고 자체적으로도 소비하거나 상당 부분은 수출하기 때문이다. 그렇게 해서 수출하는 올리브유가 연간 약 17억 US$에 이른다. 물론 이탈리아에 1차 가공한 올리브유를 수출하고 있는 다른 지중해 국가들은 상당히 아쉬운 일이겠지만 이탈리아 올리브유만이 가진 기술력과 스토리와 브랜드파워를 극복하기는 쉽지 않을 것이다. 오랫동안 쌓아온 노하우와 평판은 정말 대단한 자산적 가치라고 할 수 있다.

이탈리아 농산물 중에서 와인과 올리브유 이외에 특별한 위치를 점하고 있는 품목이 하나 더 있다. 바로 파스타다. 파스타는 피자와 더불어 이탈리아를 대표하는 음식이며 전 세계적으로 사랑을 받고 있다. 표 1-3에서 보면 이탈리아의 연간 밀 수입액은 약 17.9억 US$이며 수출액은 약 1.4억 US$다. 그런데 파스타의 연간 수출액은 약 20억 US$에 이른다. 밀 수입액보다 많은 금액의 파스타를 수출하고 있다.

이탈리아의 자체적인 밀 생산량은 연간 약 8백만 톤이며 수입 물량은 약 7.7백만 톤이다. 즉 이탈리아에서는 필요한 파스타 물량을 생산하기 위해 자체 생산하는 밀뿐 아니라 외국산 밀을 수입한 후 파스타로 재가공해서 전 세계로 수출하는 것이다. 이탈리아에서는 지방에 따라 나름대로 독특한 전통 형태의 파스타를 갖고 있으며 이를 대량생산하는 기술을 개발하고 생산시설을 갖춰서 전 세계로 수출하는 파스타 산업을 만들었다. 그 바탕이 되는 것은 파스타 면을 제조하는 기술뿐 아니라 그들만이 가진 전통 파스타 면의 가치를 세계적으로 주장하고자 하는 이탈리아 특유의 문화적 가치관이 작용했다고 생각한다. 이탈리아는 세계적인 명품브랜드를 많이 보유한 나라답게 농업에서도 자신들의 가치를 성공적으로 전개하는 창의성이 있다.

이탈리아의 지정학적 위치는 우리나라와 같은 반도 국가의 특징을 갖고 있다. 농산물의 주소비처라고 할 수 있는 시장은 북쪽의 유럽 중심부다. 그런데 이탈리아 북부를 제외하고는 유럽의 중심부로 농산물을 운송하기에 거리상으로 불리하며 선박을 이용하려고 해도 항구를 통한 또 하나의 복잡한 과정을 거쳐야 하므로 불리하다. 신선도를 유지해야 하는 농산물이라면 시간적 제약상 배편을 이용하기에 제한적이다. 이런 측면에서 이탈리아와 네덜란드는 서로 다른 형태의 농업으로 발전할 수밖에 없는 환경적 제한을 갖고 있다.

이상 유럽의 농업 강국인 네덜란드와 이탈리아 농업의 특징점을 알아봤다. 한마디로 말해서 네덜란드는 효율 위주의 농업을 추구하며 이탈리아는 가치 위주의 농업을 추구한다고 할 수 있다. 그리고 이러한 전략적 방향성의 차이는 이탈리아와 네덜란드의 지정학적이고 문화적인 차별성에 의해 형성됐을 것으로 생각한다. 그렇다면 우리나라의 농업은 어떤 전략적 제한 요인을 갖고 있으며 앞으로 어떤 방향으로 발전해가는 것이 우리나라 농업의 본원적 경쟁력을 강화하는 데 유리할 것인가?

제2장

우리나라 농업의
위기와 기회요인

01

농가인구 변화를 보면
위기와 기회가 보인다

　우리나라 농업인구는 1966년 이래 지속적으로 감소하고 있다. 반면 도시인구는 지속적으로 증가하고 있다. 우리나라가 공업화 정책에서 성과를 올렸던 1970년대 초부터 1990년대 초까지 농촌인구는 급속히 감소했으며 도시인구는 급격히 증가했다. 이러한 현상을 세계적으로 도시화라고 한다.

　그림 2-1은 우리나라 농촌의 농가 수 및 농업인구의 추이에 대한 통계청 발표를 옮긴 것이다. 1998년의 농가 수는 약 1,413천 호였으며 농가인구는 4,400천 명이었다. 그 후 2017년에 농가 수는 1,042천 호로, 농가인구는 2,422천 명으로 감소했다. 지난 20년 사이 농가 수는 약 26% 감소했고 농가인구는 약 45% 감소했다. 농가인구는 연평균 104

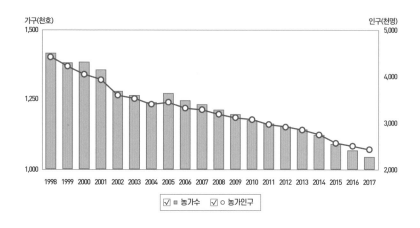

[그림 2-1] 우리나라 농가 수 및 농가인구의 추이　　　　　　　(자료: 통계청, 2019. 2.)

천 명씩 감소했다. 이 통계에서 농가란 농경지 10a(약 300평) 이상을 직접 경작하거나, 연간 농축산물의 판매금액이 120만 원 이상으로 농업을 계속하는 가구를 말하며 농가인구는 농가에서 생계를 같이하는 가족 및 친인척 수를 의미하고, 혈연관계가 없는 사람도 농업과 관련되면 가구원에 포함한 통계다. 세계적으로 농가에 대한 통계는 나라마다 정의하는 방식이 다를 수 있기 때문에 상호 간 비교 시에는 유의해야 한다.

　그런데 이러한 농가인구의 감소에 어떤 문제가 있는 것은 아니다. 왜냐하면 농가인구의 감소 또는 도시화는 20세기 이후 세계적 트렌드 중 하나이며 경제의 발전에 따라 나타나는 자연스러운 현상이기도 하다. 사람들은 더 나은 경제활동과 편이시설을 원하며, 더 양질의 사회

　　　　　　　　　　　　　　　　　　　선진국을 만드는 농업인

적 서비스를 받을 수 있고, 요즘 같으면 일자리가 있는 지역으로 이동한다. 2007년에 세계인구에서 도시인구의 비율이 50%를 넘었다. 2030년경에는 세계인구의 60%가 도시에 거주할 것으로 예측하고 있다(UN).

2019년 2월 보도에 따르면 상주시의 공무원들이 상복(喪服)을 입고 출근했다고 한다. 상주시의 인구가 10만 명 아래로 내려가서 한 이벤트였다. 상주시 인구는 1965년 26만5,000명을 정점으로 감소해왔다고 한다. 우리나라의 농촌인구가 1966년을 정점으로 감소하고 있다는 점을 고려하면 특별히 새로운 일은 아니다. 단지 이런 현상을 어떻게 이해하고 대처하느냐가 문제일 뿐이다.

우리나라의 농촌인구가 지속적으로 감소하고 농촌의 공동화현상이 심각해진다는 사실은 일종의 회색 코뿔소 같은 문제다. 회색 코뿔소라는 표현은 2013년 1월 다보스포럼에서 나온 말이다. 사람들이 뻔하게 위험이 다가오는데도 애써 외면하다가 큰 위험에 빠질 수 있다는 뜻이다. 농촌인구의 감소는 농촌 공동화, 지방도시 소멸과 같은 위험 요소를 안고 있다. 그러나 이를 직시하고 대처를 잘한다면 새로운 기회가 될 수도 있다.

농업인구가 감소하면 농업인당 경지면적이 증가해서 경영마인드가 있는 농업인이라면 소득증대의 기회가 될 수 있다. 만약 우리나라 농업 GDP가 일정한데 농가인구가 반으로 줄었다면 그림 1-7의 농업생산자

1인당 부가가치 생산액은 2배로 증가하게 될 것이다. 지금보다 대략 2배 정도 잘살게 된다는 말이다. 또는 시대의 흐름을 잘 해석해서 창의적으로 고객가치를 찾아내는 혁신을 만들어낼 수 있다면 더 큰 기회를 얻을 수도 있을 것이다. 문제는 이런 환경 변화를 제대로 이해하고 문제점을 발견해서 정확히 분석하고 창의적 해법을 찾아낼 수 있느냐의 문제다. 이 책에서는 이런 여행을 떠나기 위한 준비를 하는 것이기도 하다.

02

우리나라의
인구구조

　인구구조는 어떤 나라의 사회현상과 경제 추이를 해석하고 예측하는 데 매우 중요하다. 최근 우리나라는 인구구조의 특징을 나타내는 여러 가지 지표 중에서도 생산가능인구에 대한 내용에 대해 가장 민감하다. 2019년 2월 통계청 발표에 따르면 2017년을 정점으로 우리나라의 생산가능인구는 감소하는 것으로 판단됐기 때문이다.

　생산가능인구는 15세부터 64세까지의 인구수를 말한다. 이 연령층이 중요한 이유는 세계적으로 이 연령층의 사람들이 생산의 주체일 뿐아니라 가장 활발하게 소비활동을 하는 계층이기 때문이다. 따라서 생산가능인구가 증가할 때에는 일반적으로 그 나라의 경제는 성장하며 생산가능인구가 감소하면 경제는 침체에 빠지기 쉽다. 우리나라의 경제는 최근 부진한 모습을 보이고 있다. 그런데 2018년의 생산가능인구 수에 대한 통계청의 발표가 2017년보다 감소한 것으로 나왔다. 예측하던 일이 실제로 벌어진 것이다.

그림 2-2는 2017년 UN에서 발표한 인구 예측에 대한 보고서에서 인용한 그림이다. 당시의 연구결과에서도 한국의 생산가능인구는 2018년을 전후해 감소할 것으로 예측했다. 그리고 생산가능인구가 정점을 찍은 후 곧바로 65세 이상의 고령인구수가 급증한다. 사회적으로 생산가능인구는 고령인구를 부양하게 되므로 그 부담이 급증하는 것이다. 반면에 14세 이하의 인구수는 2050년 이후까지도 지속적으로 감소할 것으로 예측한다. 현재의 출산율이 계속해서 증가하지 못한다면 앞으로 사회경제적 상황이 가중적으로 심각해질 것으로 보이는 자료다.

그림 2-3은 우리나라 총인구에 대한 예측이다. 총인구에 대한 예측은 5년마다 있는 인구추계에서 변동이 심하다. 2006년 추계에서는 인구 정점이 2018년으로, 2011년 추계에서는 2030년으로, 2016년 추계에서는 2031년으로 예측하고 있다. 통계청의 2018년 1월 발표에 따르면 우리나라의 합계출산율(여성 1인의 생애출산율)이 0.96명이라는 다소 놀라운 결과가 나왔다. 이럴 경우 우리나라의 인구 정점은 2028년보다 앞당겨질 수 있다고 한다. 인구 정점이 지나버리면 그 시점 이후로 거의 모든 정책과 대책이 효과를 기대하기 힘들어진다. 그 전에 무엇인가를 해야만 한다. 이런 측면에서 인구 정점에 대한 예측은 그 이후 인구 감소 시기의 어두움을 드리우고 있는 것이다.

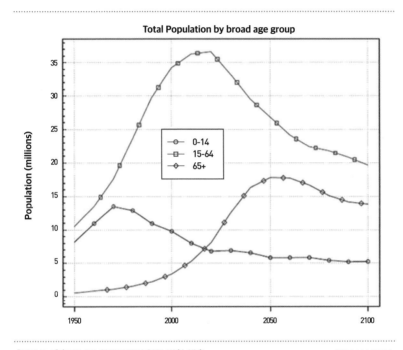

[그림 2-2] 우리나라 연령그룹별 인구 변화 예측　　　　　　　　(자료: UN, 2017)

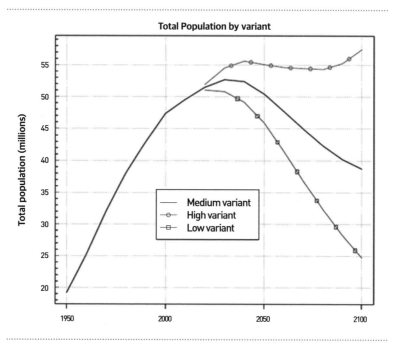

[그림 2-3] 우리나라 총인구에 대한 예측 (자료: UN, 2017)

선진국을 만드는 농업인

03

한국과 일본의
인구 변화와 경제성장률

　우리나라의 미래 경제현상을 예측하는 데 일본의 경우를 참조하는 것은 상당히 유의미하다. 일반적으로 일본의 경제는 한국보다 약 10년 내지 20년 정도 선행해서 여러 가지 현상을 미리 보여준다. 따라서 여기서는 한국과 일본의 인구와 경제에 관한 주요 특징점들을 서로 비교해보도록 하겠다.

　그림 2-4는 한국, 이탈리아, 일본의 생산가능인구수의 변화를 그래프로 나타내고 생산가능인구의 정점 시기와 총인구의 정점 시기를 국가별로 표시한 그림이다. 이탈리아에 비해 한국과 일본의 생산가능인구의 변화는 급격하다. 인구피라미드상에서 연령별 인구수의 변화가 심하다는 뜻이다. 역사적으로 사회적 가치관의 변화와 경제적 환경 변

화가 심해서 나타나는 현상으로 보인다.

　일본은 1970년대와 1980년대 초까지 경제가 고속으로 성장했다. 그러나 일본의 막대한 무역흑자는 서구 선진국들의 문제와 불만을 일으켰으며 그들 국가의 경제를 왜곡한다는 비난여론이 거세졌다. 그로 인해 1985년에 다소 강압적인 분위기에서 플라자합의를 하게 됐다. 이로 인해 일본 엔화의 급격한 평가절상은 일본 수출품들의 가격경쟁력을 하락시키면서 경제는 침체되기 시작했다. 이에 대한 일본의 대응은 내수를 진작시키기 위해 통화 공급을 늘리는 것이었다. 그러나 이러한 내수 진작책은 먼저 주식시장을 자극해서 주가를 급등시켰고 곧이어 부동산시장에 버블을 발생시켰다. 당시 일본 사회의 분위기는 위험하다고 하면서도 모두가 싫지는 않은 표정들이었다. 일본 제조업의 경쟁력을 믿을 수 있다는 애국심 자극형 보도가 방송에서 넘치고 있었다. 그러나 일단 발생한 버블은 반드시 붕괴되는 것이 경제의 이치다. 부동산버블의 붕괴는 공포심을 일으켰다. 일본 경제의 잃어버린 20년이라는 역사적 불황으로 국가경제를 몰아넣게 됐다. 그리고 온갖 대책에도 반응하지 않는 지지부진한 경제의 흐름은 잃어버린 30년이라는 말까지 나오게 했다. 우리나라의 생산가능인구는 2018년부터 감소하기 시작했다. 그리고 일본의 사례를 통해 이후 경제의 흐름에 대한 이해를 갖고 있다. 우리의 선택은 어떻게 될 것인가.

　부동산버블의 붕괴로 시작된 일본의 잃어버린 20년의 직접적인 원인은 잘못 선택한 경제정책의 부작용에 있었지만 그 배후에는 일본의 인구문제가 더 근본적인 지각변동의 원인으로 작용하고 있었다. 1985년 플라자합의를 하고도 얼마간은 일본 경제가 강한 모습을 유지하고 있었다. 그러나 생산가능인구가 서서히 증가 속도를 낮추다가 마침내 1995년부터 생산가능인구가 줄어들면서 일본 경제는 활기를 잃기 시작했다. 우선 가계소비가 부진해졌다. 비관적인 경제전망은 경제주체들이 주식과 부동산의 매각에 나서게 했다. 주식과 부동산가격의 하락은 자산시장의 악순환을 불러왔으며 가계소비를 더욱 위축시켰다. 이렇게 일본의 잃어버린 20년은 시작됐다.

우리나라는 1998년 외환위기로 경제위기를 겪은 바 있지만 경제계에 대한 대대적인 구조조정과 국민적인 금 모으기 운동 등으로 위기를 극복했다. 그리고 2008년 미국에서 일어난 금융위기도 비교적 잘 극복했다. 그러나 앞으로는 이전과는 달리 상황이 쉽지 않을 수 있다. 왜냐하면 2017년까지 우리나라의 인구구조는 생산가능인구를 지속적으로 증가시키는 구조였지만 2019년 이후로는 생산가능인구가 감소하는 구조이기 때문이다. 일본에서 1985년 플라자합의 이후 10년이 지나서 생산가능인구가 정점을 찍고 하락하기 시작했다. 그 이후로 일본에서는 온갖 경기부양책이 시행됐지만 도무지 효과를 거두지 못했다. 경기부양책의 효과를 인구구조의 불균형이 빨아들이고 무력화했을 가능성이 있다.

일본에서는 1995년 생산가능인구 정점이 발생하고 14년 후 총인구 정점이 발생했다. 우리나라의 생산가능인구 정점이 2017년이었던 것

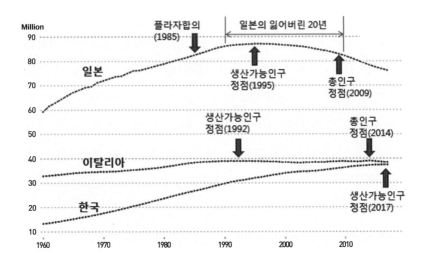

[그림 2-4] 생산가능인구수의 변화 및 총인구 정점 시기 비교　　　(자료: 세계은행, 2019. 2.)

으로 발표됐으니 단순히 적용한다면 2031년경이면 우리나라에서도 총인구 정점이 발생할 가능성이 있다.

　그동안 5년마다 시행하는 인구추계에 따라 총인구 정점에 대한 예측은 다소 변동해왔으나 최근 통계청 발표에 따르면 2028년경으로 예측하고 있다. 어떤 전문가들은 오히려 2028년보다도 더 앞당겨질 수도 있다는 의견을 내기도 한다. 2018년의 합계출산율이 1명 이하로 나왔기 때문이다. 합계출산율이란 여성 1인이 평생 낳을 것으로 기대되는 평균 출생아 수를 말한다. 2017년에 사상 최저치인 1.05명에서 더 떨어져 2018년에는 1명 미만으로 내려갈 것이라고 했다. 합계출산율이 1

미만으로 내려가는 일은 세계적으로 매우 드문 일이다. 우리나라가 일본보다도 빠르게 인구 정점이 닥쳐오는 이유는 바로 합계출산율이 일본보다 낮기 때문이다. 이런 이유에서 2028년 인구 정점 이후에도 우리나라의 인구 감소 속도는 일본보다 빠를 것으로 예측된다. 더욱 불리한 상황 전개가 예상되는 대목이다.

그림 2-5는 1980년부터 2017년까지 우리나라와 일본의 GDP성장률을 비교해서 나타낸 것이다. 일본은 1993년, 1998년, 1999년, 2008년, 2009년, 2011년 GDP성장률이 마이너스를 기록했다. 반면 우리나라는 IMF 외환위기 당시에만 마이너스 성장률을 기록했을 뿐이다. GDP성장률이 마이너스를 기록한다는 것은 경제가 매우 심각한 상태라는 말이다. 그만큼 일본의 잃어버린 20년 동안 일본 경제는 어려움을 겪고 있었다.

2012년 아베 정권이 들어오고 나서 일본은 무제한적 양적 완화를 실시하고 있다. 그 이후 일본 경제는 몇 년간 개선되는 모습을 보이기는 했다. 그러나 그 효과는 충분하지 않았던 것으로 보인다. 아베 정권 스스로 인플레이션 목표 2%를 달성하기 어려울 것이라고 인정한 바 있다. 2019년 10월 일본은 소비세를 2% 더 인상할 것이며 소비세 인상은 일본의 소비를 더욱 위축시키고 소비 위축은 GDP의 감소로 이어진다. 게다가 아베 정권 이후 일본의 공공부채는 2017년 기준으로 GDP 대비 237%를 넘어서고 있다. 우리나라의 공공부채는 2017년 기준으로 39.5%다. 일본 국가 재정의 심각한 단면을 보여준다. 최근 세계적 투자가인 짐 로저스가 일본에 대해 던진 적나라한 평가가 생각나는 대목이다. "폐쇄적 사회는 아집에 빠지기 쉽다" 아베 정권 이후 일본은 폐쇄적인 우경화에 잡혀있다고 보인다.

여기에서 일본의 사례를 구체적으로 기술하는 이유는 일본의 사례가 언젠가는 우리의 경우가 될 수도 있기 때문이다. 우리나라의 생산가능인구 정점은 2017년에 발생했다. 총인구 정점은 현재로서 2028년으로 예측된다. 생산가능인구 정점 이후 불과 11년 만에 총인구가 감소하기 시작한다는 말이다. 우리나라 농업인구 또한 비슷한 추세를 보일 것이다. 향후에도 그림 2-1에서 알 수 있었던 농업인구의 감소 속도는 특별한 이유가 없는 한 상당기간 계속될 것으로 봐야 한다.

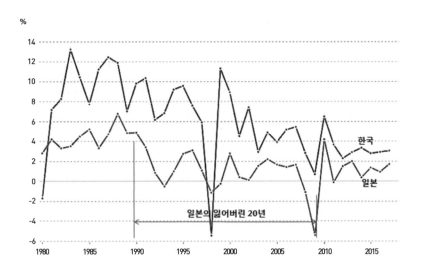

[그림 2-5] 한국과 일본의 GDP성장률 비교   (자료: 세계은행, 2019. 2.)

04

위기 또는 기회를
일으키는 원인

경제성장에도 양적 성장과 질적 성장의 차이가 있다고 생각한다. 마치 사람들이 느끼는 행복감에도 경쟁적 행복과 성숙한 행복이 있듯이 말이다. 경쟁적 행복을 추구하는 사람들은 늘 다른 사람들과 자신을 비교한다. 다른 사람들과 비교해서 좀 더 많이 가져야 만족하고, 자신의 부족한 부분에 대해서는 불행감에 다른 사람을 시기하고 스스로 스트레스에 휩싸인다. 그러나 어느 순간에 깨닫게 된다. 이런 방식의 행복이 부질없고 현실적으로 성립하지도 않는다는 것을. 자기 주변의 모든 사람과 비교해서는 결코 행복을 얻을 수 없다는 사실을 깨닫고 비로소 자신의 가치를 추구하게 된다. 다른 사람들과 조화롭게 살고 서로 아이디어를 공유하고 교류하는 과정에서 자신만의 가치가 더욱 발전한다는 것을 깨닫는다. 마찬가지로 경제의 성장에도 단계가 있다고 생각한다.

그림 2-6은 우리나라의 1960년대부터 지금까지 있었던 시대적 개발의 흐름을 뒤돌아보는 의미에서 작성해본 그래프다. 총인구에 대한 생산가능인구의 비율을 퍼센트로 표시하고 이를 한국, 미국, 이탈리아, 네덜란드, 일본과 비교해봤다.

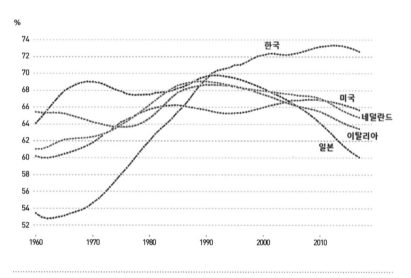

[그림 2-6] 생산가능인구 비율 퍼센트의 변화에 대한 국가 간 비교   (자료: 세계은행, 2019. 2.)

우리나라가 1970년대부터 연속적인 경제개발5개년계획으로 국가적 관심과 분위기를 밀어붙이던 시절이 있었다. 큰 성과를 거뒀다. 요즘에도 우리나라가 역사적으로 현재와 같은 경제수준에서 살았던 시대가 있었을까 하는 작은 자부심도 있다. 그런데 이 기간에 우리나라의 생산가능인구의 비율은 50% 초반에서부터 70% 초반까지 늘어났다. 인구구조적으로 보너스를 받던 시기였다는 말이다. 이런 상황에서 경제는 활성화되기 쉬운 조건이라고 할 수 있다. 경제개발 정책이 매우 잘 발현되는 구조적 특징이 있었다. 물론 경제성장이 있었기 때문에 인구구조도 생산가능인구가 늘어나도록 했다고 하면 길게 할 말은 없다. 닭이 먼저냐 달걀이 먼저냐는 것과 같은 말이다.

그러나 2000년대에 들어오면서 상황은 변했다. 생산가능인구의 비율이 둔화되더니 2013년에 정점을 찍고 비율 퍼센트는 하강하기 시작했다. 2017년에는 드디어 인구수로 생산가능인구가 정점을 찍고 줄어들기 시작했다. 앞으로는 개발시대처럼 경제가 경제개발 정책에 예전만큼 반응하지 않을 것이고 성과도 잘 나타나지 않을 것이다. 이런 상황을 이렇게 표현하고 싶다. 개발시대에는 양적 성장이 중요한 시대였다면 지금은 질적 성장이 중요한 시대가 됐다고 말이다. 양적 성장을 구가하던 시대에 사람들이 원했던 것과 질적 성장이 필요한 시대에 사람들이 원하는 것에는 차이가 있다. 질적 성장이란 무엇을 말하는가에 대한 논의는 잠시 뒤로 미루고 우리나라의 인구구조가 왜 이렇게 변화했는가에 대한 한 원인을 짚어보도록 한다.

그림 2-7은 합계출산율의 시대적 변화를 상기 5개국에 대해 비교한 것이다. 우리나라의 합계출산율은 2000년대에 들어서면서 급격히 낮아지고 있다. 급기야 2019년 1월 발표에서 2018년 합계출산율이 0.96~0.97명 수준에 그칠 것이 확실시된다고 했다. 세계적으로 유례가

없는 일이라고 한다. 일반적으로 경제위기가 발생하고 사회가 핍박해지면 합계출산율은 낮아진다. 충분히 이해가 가는 인과관계다. 그러나 상대적으로 그 정도가 심각할 때에는 추가적인 분석이 필요하다.

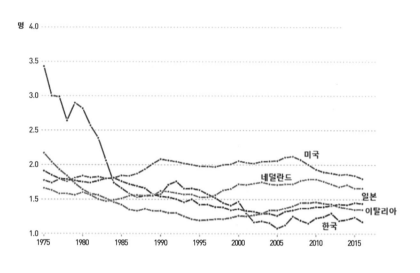

[그림 2-7] 합계출산율에 대한 국가 간 비교 (자료: 세계은행, 2019. 2.)

일본의 합계출산율은 잃어버린 20년을 지나면서 1.5명 아래로 낮아졌다. 그러나 인구구조에 대한 문제점을 파악하고 지속적인 대책을 추진한 결과 2005년경 저점을 찍고 다시 상승하고 있다. 현재는 거의 1.5명대에 이르고 있다. 이런 부분에서 우리나라 인구문제의 미래를 어렵게 보지 않을 수 없다. 생산가능인구 비율은 일본보다도 더 급격히 낮아질 것이다. 총인구의 정점도 더 빨리 찾아올 것이다. 그리고 총인구 정점 이후 총인구의 감소 속도도 일본보다 더 빠르게 진행될 것이다.

선진국을 만드는 농업인

이럴 경우 우리나라의 경제는 어떻게 반응할 것이며 이에 대한 대책의 강도는 더욱 높여야 할 것인데, 불행하게도 우리나라는 경제적 여건이 일본만큼 준비되지 못한 것으로 보인다.

그림 2-7과 같이 2000년 이후 우리나라 인구구조에서 나타나는 합계출산율의 구조적 골짜기는 앞으로 우리나라 농업 분야에도 심각한 영향을 미칠 것으로 예측된다. 합계출산율이 다시 1.5 정도로 회복되는데 앞으로 어느 정도의 시간이 필요할지 현재로서 알 수 없다. 그러나 최소한 20년 이상의 기간의 질곡은 역사적으로 우리나라 경제에 어두운 골짜기를 만들 가능성이 있다.

앞에서 이탈리아 등을 예로 들며 설명했지만, 경제가 좋아지면 인구는 도시로 이동하고 경제가 어려워지면 다시 농촌으로 이동하는 움직임이 있다. 우리나라에서는 2019년 2월 작은 소동이 있었다. 2019년 1월 발표된 고용통계에서 제조업 분야 고용은 17만 명이 줄었는데 농림어업 분야에서는 10만 7,000명이 는 것으로 나타났다. 정치적으로도 고용 문제가 민감한 시기에 이에 대한 원인 분석이 설명되지 못한 것이다. 질타가 이어졌다. 며칠 후 농촌경제연구원에서 발표한 1월 농림어업 분야 고용 동향 분석에서 답이 나왔다.

통계청이 발표한 1월 고용통계의 농림어업 분야에서 증가한 10만 7,000명 가운데 5만 4,380명은 무급가족종사자였던 것이다. 경제가 어려워지니 도시에서 농촌으로 이동한 인구였다는 말이다. 이렇게 도시와 농촌 간의 인구이동은 경제상황에 따라 반복적으로 일어난다. 그런데 그 정도와 상황적 요인이 겹쳐지면 예상치 못한 위기로 또는 의외의 기회로 나타날 가능성이 높다. 예상치 못할 상황 또는 미래의 불확실성은 2000년대 이후 지금까지 계속되는 낮은 합계출산율에서 비롯된다고 생각한다. 또한 경기변동과 도농 간의 인구이동에 의한 효과가 겹쳐서 나타나게 된다면 그 위험성은 배증된다.

선진국을 만드는 농업인

05

우리나라 농업의
위기에서 기회를 찾는다

경제는 항상 변화한다. 그런데 그 변화의 속도가 문제다. 그 변화의 속도를 따라가지 못하는 대응은 위기를 불러오고 그 속도를 따라잡으면 기회로 작용한다. 만약 농촌으로 이동하는 인구로 인해 농촌의 평균 소득이 내려갈 정도가 된다면 농업의 위기상황이다. 반대로 도시지역에 일자리가 급격히 늘어나서 인구가 농촌에서 도시로 너무 급격히 이동해도 농업 분야에 위기상황이 올 수 있다. 농업생산기반의 조정이 급격한 인구이동을 반영하지 못해서 생산효율이 떨어지고 결과적으로 농업소득이 떨어진다면 결국 위기상황이다. 어찌 됐든 농업소득이 일정 속도 이상으로 증가할 수 있다면 경기변동과 인구이동에 의한 충격을 완화시키면서 지속가능한 발전을 할 것이며 우리나라 농업인들이 생산하는 부가가치가 그림 1-7에서 나타낸 발전 속도를 좀 더 상향시킬 수 있다면 기회 상황이 발생하며 우리나라 농업에 순풍이 불 수 있을 것이다.

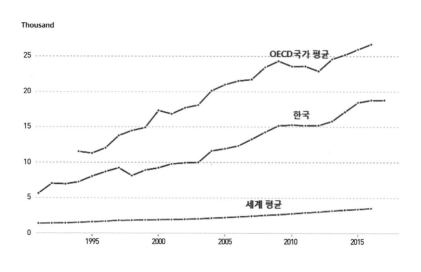

Thousand

[그림 2-8] 한국 농업인의 부가가치 생산액의 OECD 평균과의 비교 (constant 2010 US$, 자료: 세계은행, 2019. 2.)

그림 2-8은 우리나라 농업인당 부가가치 생산액을 세계평균과 OECD국 평균과 비교해 나타낸 것이다. 일단 우리나라 농업이 선진국형 농업이 되기 위해서는 농업생산자당 부가가치 생산액이 2010년 미국 달러 가치 기준으로 현재의 1만9,000 US$ 수준에서 OECD국 평균인 2만5,000 US$ 수준으로 올라가야 한다. 현재보다 약 30% 증가해야 한다는 말이다. 앞으로 과연 농업인구가 얼마나 감소하게 될지 현재로서는 그 근거를 찾기가 쉽지 않다. 그림 2-9를 이런 목적에서 대략적

선진국을 만드는 농업인

인 이미지만이라도 그려보기 위한 비교 대상으로 제시해본다.

그림 2-9에서 보는 바와 같이 우리나라의 총 취업자 가운데 농업에
취업한 근로자는 약 5% 수준이다. 이탈리아와 일본은 약 4%, 네덜란
드와 미국은 약 2% 수준이다. 네덜란드는 기업형 농업으로서의 규모
화를 지향하며 미국은 기계화된 대규모 농업이다.

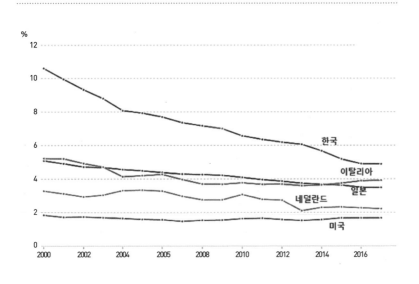

[그림 2-9] 총 취업자 중 농업취업자 비율　　　　　　(ILO 기준, 자료: 세계은행, 2019. 2.)

앞으로 우리나라의 농업이 농업인구 감소로 지속적인 규모화가 된
다면 1차로 이탈리아와 일본의 경우를 상정해볼 수 있다. 농업취업자
비율이 5%에서 4%로 낮아진다는 것은 현재의 농업취업자가 현재보다
약 20%가 감소하는 상황을 가정해볼 수 있다.

그림 2-8과 그림 2-9를 같이 생각해본다면 선진국형 농업이 되기 위해서는 개략적으로 볼 때 부가가치가 30% 정도 올라가야 하는데, 인구 감소로 약 20%는 증가할 수 있으므로 추가로 부가가치를 10% 증가시킬 수단이 필요하다고 할 수 있다. 농업인구의 감소는 국가 인구동향과 경제 동향으로부터 영향을 받으며 변화해 갈 것이기 때문에 예측하기는 어렵다. 그러나 개략적으로 보면 우리나라 농업이 이탈리아와 일본 정도로 발전해가기 위해서는 농업인구 감소에 의한 평균적 농업생산자 1인당 부가가치 생산액의 증가 즉, 내부적으로 생산성을 향상시키고 부가가치 총액을 10% 상승시킬 수 있는 특별한 노력이 필요하다고 할 수 있다.

그런데 우리나라 농업의 부가가치 생산 목표를 OECD국 평균으로 잡지 않고 이탈리아 수준으로 잡는다면 그림 1-7과 같이 약 4만 US$까지 높여야 한다. 그래야 우리나라 농업인들이 이탈리아 농업인처럼 살수 있게 되는 것이다. 개략적으로 보면 2017년 부가가치 생산액을 약두 배로 높여야 한다. 농업인구 감소에 대한 부분을 20%로 잡는다면 부가가치 생산액은 지금보다 약 80%만큼 더 높여야 한다는 말이 된다. 이 정도의 증가를 이룩하고자 한다면 특별한 노력이 필요하다. 창의적이고 기업가적인 노력이 필요하다. 이 책에서는 그 방법론으로 창의적 아이디어의 발상과 아이디어 발생의 소재가 될 수 있는 여러 가지 자료들에 대해 설명할 것이다.

우리나라 농업의 부가가치 총액의 증가를 위해서 또 하나 중요한 점은 수출액을 늘려야 한다는 것이다. 우리나라가 세계에서 현재와 같은 선진국 초기 단계의 1인당 GDP 수준을 달성할 수 있었던 것은 현재의 인구규모에서 내수시장만 갖고서는 거의 불가능한 일이었다. 따라서 우리나라는 수출주도형 경제로 갈 수밖에 없었다. 마찬가지로 우리나라 농업도 부가가치 수준을 선진국 수준으로 올리기 위해서는 수출을 증가시키지 않는다면 거의 힘든 일이라고 할 수 있다. 그림 2-10은 한국, 미국, 이탈리아, 네덜란드, 일본의 농산물 수출액의 추이를 나타낸 것이다.

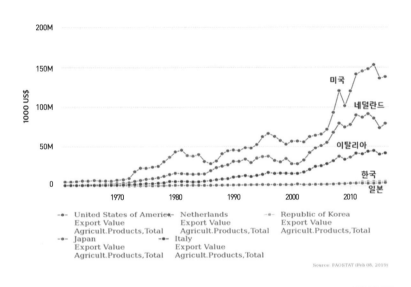

[그림 2-10] 5개국 농산물 수출액 추이 비교   (자료: FAOSTAT, 2019. 2.)

　　세계 농산물 수출 분야에서 1위는 미국이며 2위는 네덜란드다. 이에 비해 한국과 일본은 수출액규모가 거의 비교가 되지 않을 정도다. 한국과 일본이 농산물 수출에서 매우 저조한 상황인 것은 지정학적인 원인이 가장 크다고 생각한다. EU 국가들의 경우에는 농산물 유통에 특화된 대규모 기업들이 많으며 수출이라고 하지만 트럭을 이용해 마치 자국 내 유통처럼 쉽게 수출할 수 있는 인프라와 지정학적 여건이 갖춰져 있다. 그러나 한국과 일본의 경우는 농산물을 수출하기 위해서 비행기나 선박을 이용해야 하는 원가상승 요인이 있으며 동남아시아를 포함해 주변국들의 경제적 여건이 EU시장만큼 구매력을 갖고 있지 못하다는 제약은 있다.

그러나 불가능한 일은 없다. 일본으로 수출되는 파프리카, 동남아시아로 수출되는 딸기와 김 가공식품 등 동남아시아에서 불고 있는 한류와 한식 붐은 창의적이고 기업가적인 노력만 있다면 얼마든지 가능한 일이다.

창의적 아이디어의 발생

01

창의적 아이디어
발생의 순간

사람들은 누구나 아이디어가 떠오를 때면 그 순간에 행복감과 만족 감을 느낀다. 이런 순간을 통찰의 순간이라고도 하고 비범한 순간이라 고도 한다. 창의력이란 이런 아이디어가 생기도록 하는 능력이라고 할 수 있다. 그런데 이런 행복한 순간은 필요할 때에 항상 찾아오는 것이 아니다. 아이디어가 필요해서 열심히 노력하지만 좀처럼 통찰의 순간 이 허락되지 않는다. 그래서 사람들은 오래전부터 통찰의 순간이 어떻 게 찾아오는지를 연구했으며 지금도 창의적 문제해결 방법론에 대해 연구하고 있다.

통찰에 대한 저서 중에 거의 최초로 평가되는 것은 1926년에 출간 된 그레이엄 월러스(Graham Wallas)의 《사고의 기술(The Art of Thought)》이 있다. 그레이엄 월러스는 영국의 세계적으로 유명한 대학인 런던정치경제대학(LSE, London School of Economics and Political Science, 1895년 설립)의 공동 설립자 중 한 명이다. 그는 저서에서 통찰이 어떻게 발생하는지에 대한 모형을 제시하며, 통찰에 관한 설명에서 가장 많이 인용되는 저서다. 이 책에서는 통찰의 발생을 네 단계로 나눠 설명한다. 창의적 통찰은 준비(Preparation), 배양(Incubation), 조명(Illumination), 확인(Verification)의 단계를 거쳐 발생한다고 한다.

필자가 보기에 이런 생각의 배경에는 근대 과학적 방법론의 선구자라고 할 수 있는 영국의 프랜시스 베이컨(Francis Bacon, 1561-1626)이 있다고 생각한다. 프랜시스 베이컨은 과학적 방법론 중 하나인 귀납법을 제안했으며 과학적 방법론으로서 가설(Hypothesis), 실험(Experiment), 평가(Evaluation)의 단계를 거치는 모형을 제안했다. 그레이엄 월러스의 통찰 모형에서 준비 단계는 프랜시스 베이컨의 가설과 실험 단계에서 형성된다. 그레이엄 월러스의 배양, 조명, 확인의 단계는 프랜시스 베이컨의 평가 단계를 더욱 심화한 것이라고 생각한다. 프랜시스 베이컨의 평가 단계는 연구의 결과적 성공 여부를 결정하는 단계다. 특히 이 단계에서 통찰적 깨달음이 필요한데 그레이엄 월러스는 성공적 통찰을 위해서 배양, 조명, 확인의 단계로 통찰이 찾아온다고 분석했다.

그레이엄 월러스의 통찰 모형 4단계는 게리 클라인(Gary Klein)의 《통찰, 평범에서 비범으로(Seeing What Other Don't)》(김창준 옮김, 알키, 2015)의 내용을 인용해 설명토록 한다. 준비 단계에서 사람들은 문제를 조사하고,

분석에 몰두한다. 그러나 성과를 얻지는 못한다. 그러면서 사람들의 의식은 배양 단계로 넘어간다. 이 단계에서 사람들은 생각을 멈추는 것으로 이때부터 문제를 무의식이 넘겨받게 된다. 의식의 세계에서 사람들은 그 문제에 대한 생각을 멈췄다고 생각하지만 우리의 잠재의식은 문제를 풀기 위해서 고차원적인 생각을 멈추지 않는다. 그리고 어떤 순간에 번뜩하며 문제에 대한 통찰적 해답을 얻게 된다.

　잠재의식을 믿으라는 말은 필자가 대학원에 입학했을 때에도 들었던 기억이 또렷하다. 수학 문제가 풀리지 않더라도 결코 포기하지는 마라, 치열하게 생각했다면 어느 순간엔가 해답은 찾아온다고. 그리고 실제로 그런 현상을 우리는 살면서 많이 경험한다. 거의 대부분의 사람이 공통적으로 느끼는 것은 아이디어는 어느 순간 갑자기 떠오른다는 사실이다. 그레이엄 월러스는 통찰의 순간으로 인도하는 배양과 조명의 단계를 위한 특별한 자기 관리에 대해 이야기 한다. 필자는 경험적으로 이 단계의 중요함을 충분히 느끼고 있으며 실생활에서 사용하고 있다.

　문제에 대한 해결을 무의식에게 넘기고 어느 정도 휴식의 시간을 갖길 권한다. 그리고 무의식이 자유롭게 일하는 것을 방해하지 말아야 한다고 설명한다. 번뜩이는 아이디어는 결코 머리가 피곤한 상태에서는 찾아오지 않는다. 따라서 좋아하는 길로 산책을 가거나 명상의 시간과 같이 무념의 상태에 있을 때 통찰은 특별히 잘 찾아온다고 한다. 행복한 아이디어라고 하는 통찰은 무의식적 연상이 계속되다가 최고

점에 이른다. 이 연상이 표면 위로 떠오를 준비가 될 때까지는 숙성의 시간이 필요하다고 한다.

뭔가 번쩍하고 불이 들어온 것 같은 암시를 느끼게 될 때 의식의 가장자리에 통찰이 보이기 시작한다. 이 순간 통찰이 날아가 버릴 수도 있고, 더 발전해서 의식으로 진화해 올라오지 못할 수도 있다. 그래서 사람들이 책을 읽다가 통찰이 가까이에 있다는 암시를 느끼면 잠시 읽기를 멈추고 허공을 응시하면서 통찰이 나타나길 기다리는 경우가 있다. 마침내 통찰이 찾아오면 반드시 확인하면서 아이디어가 타당한지 여부를 검증해야 한다고 했다. 그리고 그 내용을 즉시 메모해놓는 습관을 갖도록 해야 한다. 새로운 아이디어는 단 1분 후에 기억에서 사라질 수도 있기 때문이다.

그레이엄 월러스는 통찰이 발생하는 과정을 이렇게 설명한다. 사람들은 통찰의 순간 아이디어를 잡아챌 수 있는 준비 상태를 원한다. 인지과학자 게리 클라인은 통찰이 발생하는 상황에 대해 분석했다. 사람들이 통찰을 얻는 통로는 주로 연결(Connection), 우연의 일치(Coincidence), 호기심(Curiosities), 모순(Contradictions), 창의적 절망(Creative desperation)을 통해서 얻는다고 한다. 이 중에서도 특히 모든 통찰의 80% 정도가 연결을 통해서 얻어진다고 했다.

찰스 다윈은 맬서스의 《인구론》을 읽으면서 종의 진화에 대한 아이디어를 얻었다고 한다. 이것은 통찰이 연결을 통해 나온 대표적인 예

선진국을 만드는 농업인

다. 인구론과 진화론은 직접적인 관계는 없다. 그러나 찰스 다윈은 창의적 연결을 했다. 진화론이 너무 먼 사례였다면 더 가까운 우리 주변에서 금방 찾을 수도 있다. 어떤 시인이 도시에 오는 눈을 보며 '무채색 점으로 가득한 도시'를 생각하면서 '정화된 사막'을 떠올렸다면 이 또한 창의적인 연결의 예라고 할 수 있다. 문학적인 표현법으로서 은유법 또는 직유법도 통찰의 예가 될 수 있으며 서로 관련성이 없을 것 같은 두 개념을 절묘하게 연결함으로써 새로운 느낌과 정서를 만들어내는 사례다. 게리 클라인은 연결이야말로 모든 과학적 통찰의 어머니라고 했다. 연결에 의해서 창의적 결과를 이룩하는 사례는 너무나 많다.

얼마 전에 박동우 네오게임즈 대표의 이야기가 신문에 소개된 적이 있다. 그는 농과대학을 졸업하고 IT회사에 근무하며 게임을 개발했던 경험이 있다. 그런데 모든 사람은 경작하고 싶은 욕구가 있다는 것을 발견하고서 농장 경영 시뮬레이션이 아닌 농사게임을 개발하게 됐다고 한다. 이 또한 창의적 연결의 한 예라고 생각한다.

미국 나사(NASA)의 우주비행사들이 입는 우주복을 만든 회사는 우주 관련 기업이 아니다. 원래는 대형 방위산업체인 해밀턴에 개발을 의뢰했지만 만족스러운 결과를 얻지 못했다고 한다. 결국 아폴로 우주선에서 사용하는 우주복으로 플레이텍스(Playtex)라는 여성용 속옷을 만들던 회사에서 개발한 우주복이 채택됐다. 그들은 옷에 대한 본질적인 이해를 바탕으로 우주복에 필요한 개념을 연결했던 것이다. 때때로 연결에 의한 창의성은 서로 멀리 떨어진 개념을 연결할 때 더욱 창의성이 뛰어난 결과를 얻기도 한다.

한국적인 것이 가장 세계적인 것이라는 말이 있다. 이 또한 서로 다른 것을 연결함으로써 새로운 공감을 만들어내는 한 예다. 그러나 한 가지 주의할 점은 창의적인 것이 엉뚱하기만 해서 되는 것은 아니다. 거기에는 그 시대와, 그 사회와 공감할 수 있는 그 어떤 가치와 아름다움이 있어야 한다. 소비자는 그러한 공감을 통해서 또 다른 통찰을 얻는 것이다. 이러한 공감을 얻기 위해 작업자는 자신만의 규율과 일관성을 갖고 준비된 상태에 있어야 한다.

이어서 설명하는 다음의 내용들은 통찰을 잡아챌 수 있는 준비 상태를 만들기 위한 절차에 대한 내용이다.

선진국을 만드는 농업인

02

아이디어 발생의 첫 단계는
문제에 대한 정의

우리가 해결해야 할 문제에 대해 적절히 정의하는 일은 문제를 푸는 것 자체보다 더 중요할 수 있다. 적절히 문제를 정의하는 것도 일종의 창의적인 작업이며 전문성을 필요로 한다. 왜냐하면 팩트를 확인하기 위해서는 각 분야 전문가의 지식이 필요할 수도 있기 때문이다.

일반적으로 문제를 잘 정의하기 위해서는 몇 가지 원칙들이 있다. 일단은 문제를 단순화하는 것이다. 잡다한 여러 가지 현상 중에서 가장 본질적인 것에 집중해야 한다. 본질적인 핵심에 집중하기 위해 불필요한 것들은 제거하는 것이 좋다. 단, 주의할 점은 문제에 대한 정의 단계에서 주관적인 시각으로 접근해서는 안 된다는 것이다. 이 문제와 관련된 수요자의 시각에서 접근해야 한다.

어떤 문제에 대한 분석을 할 때 1차원적인 접근만으로는 실패하기 쉽다. 어떤 문제가 발견됐다면 그 문제와 이에 관련된 시스템을 이해해야 한다. 1차적인 원인 뒤에는 2차적이고 또는 3차적인 문제점들이 반드시 있기 마련이다. 이렇게 연관된 부수적인 문제점들에 대해서도 적절한 수준까지 고려해야 성공적인 해결책을 만들어낼 가능성이 높아진다. 시스템적 사고를 하기 위해서는 단순히 원인과 결과로서 문제를 이해하기보다는 구조와 패턴으로 문제를 이해해야 한다. 문제를 만들어내는 구조를 파악하게 되면 미래에 발생할 수 있는 문제에 대한 1차적인 예측이 가능해지는 장점이 있다.

문제의 속성에 대해 생각해본다. 우리가 해결해야 할 문제 중에는 구조적인 것과 비구조적인 것이 있다. 구조적인 문제는 논리적 접근이 가능한 문제이며 비구조적 문제란 직관적 접근이 필요한 문제다. 문제에 대한 정의를 하며 이 문제에 대해 어떻게 새로운 시각을 도입하고 해결책을 찾을지를 생각하면서 문제에 대한 정의 작업을 반복해나가는 것이 좋다. 경우에 따라서는 문제에 대한 정의를 위한 작업 시간이 문제에 대한 해결을 위한 시간보다 더 길어질 수도 있다. 그러나 문제에 대한 정의는 해결책을 찾는 것만큼 중요한 일이라서 이를 두려워할 필요가 없다. 그리고 마침내 문제에 대한 분석과 정의가 충족되면 그 다음은 자기만의 적절한 과정을 통해 무의식의 세계에서 숙성의 단계를 거치는 것이다.

03

일하는 방법론
PDCA

PDCA(Plan-Do-Check-Act)에 대해 대부분의 사람은 이미 익히 알고 있다. 기업에서는 PDCA를 일하는 방법론이라고도 하는데 실제로 PDCA는 일본의 품질관리 분야에서 지속적인 품질개선 활동의 상징과도 같은 용어다. 슈하르트 사이클(Shewhart Cycle)이라고도 하지만 나중에는 데밍 휠(Deming Wheel)로 더 많이 불렸다.

실제로 모든 업무는 지속적으로 개선해가는 것이 본질이다. 그림 3-1은 데밍 휠에서 P-D-C-A의 과정을 끊임없이 반복해가면서 업무를 진행하는 것을 도식화한 것이다. 에드워드 윌리엄 데밍(Edward William Deming)은 사회 활동기의 후반에 PDCA 대신에 PDSA를 제안했다. PDCA 사이클에서 가장 중요한 과정은 C(Check 단계)인데 Check라는 용어의 의미가 정적인 점과 체크보다 더욱 창의적인 과정이 필요하다는 의미에서 C를 S(Study 단계)로 대체했다.

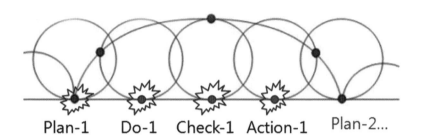

[그림 3-1] PDCA 사이클의 진행 모형

P-D-S-A의 과정은 그레이엄 월러스의 준비(Preparation)-배양 (Incubation)-조명(Illumination)-확인(Verification)의 과정과 유사하다. P-D-S-A의 S(Study 단계)를 대표적 창의 과정인 연결(Connect)로 대체한다면 지속적인 창의 과정이라고 할 수 있을 것이다. 그런데 여기서 필자는 창의 과정으로서의 연결(Connect)을 더욱 고차적인 창의적 연결을 의미하는 투사(Reflect)로 대체하고자 한다. 투사란 하나의 개념을 다른 개념에 비춰 생각하면서 새로운 개념으로 발전시키는 것을 의미하는 것이다. 또한 이것은 생각의 요소들을 통합하고 단순화하는 추상화의 한 과정이다. 앞으로 이 책에서는 지속적인 창의 과정을 P-D-R-A로 표현하고자 한다.

선진국을 만드는 농업인

04

창의적 문제해결 모형
(TRIZ와 USIT)

창의적 문제해결법은 다양하다. 그중에서 TRIZ는 구소련의 겐리히 알츠슐러 박사(Genrich Altshuller)가 개발한 창의적 문제해결을 위한 체계적 방법론이다. 겐리히 알츠슐러 박사는 전 세계 특허 150만 건 중 특히 창의성이 우수한 특허 4만 건을 추출해 분석한 결과, 발명에는 반복되는 패턴이 있다는 사실을 발견했다. 이렇게 찾아낸 발명의 유형을 40개로 정리하고 이 발명 유형을 문제해결의 방법론으로 적용하고자 했다.

그림 3-2에 나타낸 것은 TRIZ 기법을 이용한 문제해결 방법론의 구조를 나타낸 것이다. 우선 문제를 구체화하고 단순화 한 후에 추상화의 과정을 거쳐서 해결해야 할 문제를 일반화한다. 그리고 일반화된 문제를 TRIZ의 40가지 발명 유형 가운데 가장 유사한 유형에 적용함

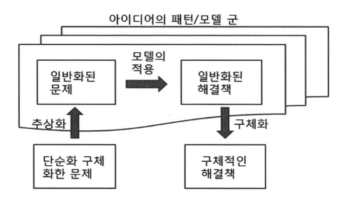

[그림 3-2] TRIZ 기법을 이용한 문제해결 구조도

으로써 주어진 문제에 대한 일반화된 해결책을 찾도록 했다. 일반화된 해결책은 다시 구체화의 과정을 거쳐서 구체적인 해결책을 찾도록 했다. 그러나 TRIZ는 발명의 유형 40가지에 적용하는 과정에서 상당한 전문성이 요구되며 문제에 대한 추상화와 구체화의 과정이 일반인이 접근하기에는 어렵다는 단점이 있다.

USIT(Unified Structured Inventive Thinking)는 통합적 구조화 발명사고법(統合 的 構造化 發明思考法)을 말한다. 1990년대에 TRIZ를 단순화하기 위해 로니 호로비츠(Roni Horowitz) 박사 등이 SIT(Systematic Inventive Thinking)를 만들었으며 1997년에는 에드 시카푸스(Ed Sickafus) 박사가 포드 자동차에 적용하기 위해서 SIT를 개량해서 USIT로 만들었다.

그림 3-3은 2013년에 나카가와 도루(中川 徹)에 의해 제안된 6단계

선진국을 만드는 농업인

USIT다. USIT를 더욱 일반적인 문제까지 적용하기 위해 개발됐다. 기본적인 특징은 창의적 해결책을 구하기 위해 현재의 문제를 시스템적으로 분석한 뒤, 이상적 시스템을 설정하고 현실의 시스템과 이상적 시스템을 비교해서 새로운 시스템에 대한 아이디어를 찾는 것이다. 나카가와의 6단계 USIT는 자연과학과 사회과학 분야에 일반적으로 적용하기 위해 4단계 USIT를 6단계로 보강했다.

이 책의 독자들은 이미 프랜시스 베이컨과 그레이엄 월러스로부터 데밍의 PDSA와 USIT에 이르기까지 상당히 유사한 형식으로 창의적인 아이디어의 발생을 추구한다는 것을 느낄 수 있을 것이다.

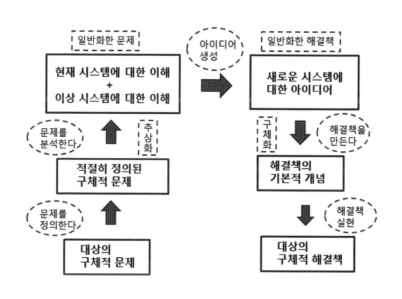

[그림 3-3] 6단계 USIT(2013, 中川 徹)

창의적 문제해결법과
아이디어 발생의 촉진

1) 창의적 문제해결법(P-D-R-A)

창의적 문제해결 기법을 적용한다고 해서 반드시 수준 높은 아이디어가 발생한다는 것을 보증하지는 못한다. 단지 해결해야 할 문제를 앞에 놓고 막연한 고민에 시간을 낭비하는 일을 줄이고 최소한의 해결책을 찾을 수 있다는 담보는 가능할 것이다. 4단계의 기법이든 6단계의 기법이든 각 기법의 각 단계를 수행하는 과정에서도 창의적인 노력과 작은 성과가 연속적으로 필요하다. 각 단계를 수행하는 데 필요한 과정은 어떤 체계적인 내용이라기보다는 최대한 다양한 생각으로 펼치기 위한 확산의 과정과, 확산된 생각 중에서 필요하거나 중요하다고 판단되는 생각을 서로 통합하거나 결합하는 추상적 수렴의 과정을 반복하게 된다.

확산적 사고의 과정에서는 가능한 남들과 다른 아이디어를 얻고자 하면서 여러 가지 대안을 생각해야 한다. 또는 다른 사례의 해결책을 자신의 문제에 적용해보는 것도 좋은 방법이다. 사고의 확산 단계에서는 최대한 상상력을 펼쳐야 하며 그레이엄 월러스가 말한 배양과 조명의 전략을 사용하는 것도 좋다.

반면에 수렴적 사고의 과정에서는 확산적 과정에서 얻어진 생각들에 대해 논리적 오류를 찾도록 하는 것이 필요하다. 비판적 시각에서 자신의 생각을 평가하고 자신의 주장에 대한 근거를 재점검하도록 한다. 자신의 생각과 다른 사람의 생각에서 공통점과 차이점을 찾아내도록 한다.

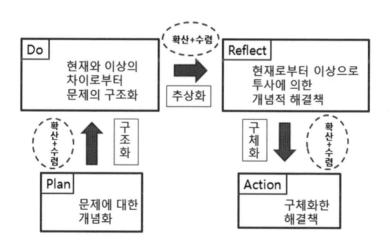

[그림 3-4] P-D-R-A에 의한 문제해결 구조도

그림 3-4는 필자가 제안하는 P-D-R-A에 의한 창의적인 문제해결 과정을 그림으로 설명한 것이다. 6단계의 USIT는 모든 문제에 대한 일반적 해결을 시도하지만 상대적으로 복잡하다. 4단계의 문제해결 방법도 가장 결정적으로 중요한 단계는 문제에 대한 정의와 정의된 문제에 대한 S(Study) 또는 R(Reflect) 단계라고 할 수 있다. 또한 4단계 각각의 과정 도중에서 지속적으로 반복되는 사고의 현상은 확산적 사고와 수렴적 사고의 연속이다. 확산적 사고와 수렴적 사고의 반복을 통해 문제를 구조화하고, 추상화하고, 구체화하는 것이다.

P-D-R-A의 문제해결 전략은 해결해야 할 문제를 최대한 개념화하는 것이다. 사고의 확산과 수렴 과정을 통해서 문제를 구조화한다. 구조화된 문제에 대해 다시 사고의 확산과 수렴의 과정을 통해서 이상적 해결책으로 투사하고 추상화함으로써 해결책의 개념을 정립하도록 한다. 그리고 다시 사고의 확산과 수렴 과정을 거치면서 실천적이고 구체적인 해결책을 만들어 가는 것이다.

2) 문제해결 과정을 이끄는 초인지 능력

창의적인 생각을 전개해나가기 위해서는 나 자신 위에 또 다른 나를 상정해야 한다. 현재 나는 무엇을 하고 있으며 그리고 나는 현재 문제해결 과정에서 어느 단계에 와 있고 무엇에 대해 알고 있으며 무엇에 대해서는 알고 있지 못한지를 알아차리는 또 다른 나의 인도를 받아야 한다. 이러한 인식을 초인지 또는 상위인지(Metacognition)라고 한다. 창의적 문제해결뿐 아니라 사람들의 학습능력 향상에도 초인지 능력은 매우 중요하다.

PDRA 등 창의적 문제해결 기법의 구조도는 사람들의 초인지 능력으로 하여금 현재의 나는 어느 단계에서 무엇을 하고 있으며 현재 내가 해결해야 할 개념은 무엇인지를 판단하게 한다. 초인지 능력은 문제해결 과정에서 계획을 만들고, 적절한 전략을 사용하게 하고, 과정을 점검하고 통제하게 하며 결과를 평가하는 사고 기능을 말한다.

3) 아이디어 발생을 촉진하는 방법

아이디어의 발생을 촉진하는 격언들은 많다. 그중에서 몇 가지를 소개한다.

- 사람들은 무엇이 개선되길 바라고 무엇에 대해 불평하는지를 알아본다.
- 내가 무엇을 도와주면 사람들이 더 잘할 수 있을지를 생각해본다.
- 일상의 일에서 모순되는 점을 찾는다.
- 우연한 발견으로부터 보이지 않는 패턴을 찾는다.
- 현실에서 떨어져 뒤돌아보며 핵심이 무엇인지를 생각한다.
- 기존의 일과 물건에 대해 현재의 조건을 바꾸고 새로운 속성을 부여한다.
- 현재의 문제 중에 향후 커질 수 있는 잠재적 문제에는 무엇이 있는지 생각해본다.

- 내가 사람들을 도울 수 있는 나만의 능력은 무엇인지를 생각해본다.
- 문제를 글로 표현해보고 키워드를 교체해본다.

4) 시대와 공감하는 아이디어가 성공한다

현실의 세계에서 모든 아이디어가 성공하는 것은 아니다. 그리고 어떤 아이디어가 성공하는 과정도 단순하지는 않다.

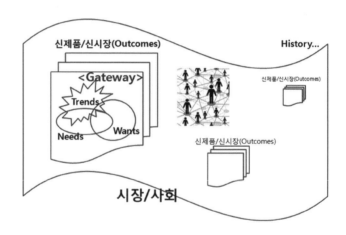

[그림 3-5] 성공하는 아이디어의 조건

우리 사회와 시장은 끊임없이 변화하고 발전하면서 역사를 만들어 간다. 변화의 흐름 속에는 분명히 어떤 의미와 가치가 있으며 이런 의미와 가치는 시대에 따라 변화해간다. 이러한 흐름을 트렌드(Trend)라고도 부른다. 어떤 아이디어가 현실적으로 성공하기 위해서는 사람들이 원하는 바와, 필요로 하는 바가 서로 맞아야 하며 시대적 가치관과도 조화를 이뤄야 한다. 성공한 아이디어는 경제를 성장시키며 사회를 발전시킨다. 그리고 이러한 발전들은 역사의 일부가 된다. 그림 3-5는 아이디어가 성공해서 우리 사회와 시장으로 진입하고 성과(Outcome)를 내는 과정을 이미지화한 것이다.

06

아이디어의 발상과
상품기획 사례 - 딸기와 버터

　기발한 아이디어는 서로 연관성이 없는 듯 떨어져 있는 서로 다른 개념을 연결할 수 있을 때 인정받기 쉽고 새로운 가치와 공감을 만들어낸다. 어떻게 보면 이 세상에 있는 거의 대부분의 히트상품과 혁신은 사람들이 인정할 수 있고 새로운 가치와 공감을 느낄 수 있기 때문에 성공했을 것이라고도 말할 수 있다. 그리고 이런 성공의 배경에는 수많은 스토리가 담겨있다.

　몇 가지 사례를 들어야겠다는 생각을 갖고 있었다. 그러나 막상 사례를 들기 전에 필자 스스로 어려움을 느낀다. 누구의 개발 결과이든지 그것은 존중받아 마땅한데 이에 대해 이러저러하다고 말하는 것 자체가 매우 부담스러운 일이며 그 개발자에 대한 예의가 아니기 때문이다. 그리고 현실적으로 성공 사례에 대한 소개 이후에 오히려 부정적인 결과를 초래하는 일 또한 적지 않다. 이런 부작용을 최소화하기 위해 사례의 범주를 우리나라 밖에서, 그리고 세상에 너무 많이 알려지지 않은 것 중에서 소개하고자 한다.

딸기는 사람들이 좋아하고 사랑하는 과일이다. 달콤한 향과 적당한 산미 그리고 살근하면서도 톡톡 씹히는 식감은 정말 절묘하다는 느낌이 든다. 요새 뜨고 있는 고급 디저트에는 웬만하면 딸기를 얹어서 맛과 향과 시각적 격을 높이는 데 이용되고 있다. 사람들이 딸기를 이렇게 좋아하니 요즘 딸기는 사시사철 모습을 숨기는 일이 없다. 없으면 시장에서는 비행기로 수입하는 일조차도 서슴지 않았다. 약간의 과장을 더한다면 딸기는 이런 정도의 과일이라는 말이다.

딸기에 대한 사랑이 이 정도니 딸기를 이용한 보존식품이 없을 리 없다. 딸기잼이다. 그러나 딸기잼은 딸기의 자존심에 작은 상처를 주는 식품이다. BBC 다큐에서 봤던 이야기가 있다. 사람들은 딸기의 당도가 그렇게 높지 않음에도 불구하고 딸기는 달다고 생각한다. 그 비밀은 딸기의 향이 사람과 동물들로 하여금 달다고 느끼게 만든다는 것이다. 사람들이 맛을 느끼는 감각체계에서 미각보다 중요한 것이 후각이라는 것은 오래전부터 알려진 사실이다. 그런데 조그마한 딸기가 그 비밀을 알아차리고 달콤한 향을 풍겨서 동물을 유혹하고 자신의 씨앗을 널리 퍼트리고자 하는 깜찍한 전략을 숨겨뒀던 것이다. 그러니 딸기의 달콤한 향이야말로 딸기의 본질적 매력인 것이다. 그런데 딸기잼은 둔하기 그지없는 그냥 설탕의 맛이 지배적일 뿐이다. 그래도 입맛 없는 아침 식사에서 딸기잼은 그런대로 역할을 하기는 한다. 그렇지만 딸기 본연의 매력이 어쩐지 그리워지기는 한다.

버터 또한 모든 음식의 풍미를 높이는데 확실한 역할을 하는 식재료다. 동네 베이커리 앞을 지날 때면 식욕이 동한다. 그리고 바로 알아차리는 맛있는 향이 버터로부터 온다는 생각이 우리의 욕망을 잡아끈다. 그래서 백화점과 같은 대형 매장을 기획할 때에는 집객을 위해 강력한 유인 전략을 사용한다. 대표적으로 1층에 화장품 매장을 배치하고, 지하 식품 매장 입구에 베이커리나 피자집을 배치해 사람들을 유혹한다. 때로는 감각적인 유혹만으로 부족할 경우 건물 상층부에 영화관이나 도서 매장을 설치해 지적 호기심을 더하기도 한다. 이렇게 이끌려 온 사람들은 분수효과라든지 낙수효과에 의해서 이리저리 매장을 오가며 자신의 구매 욕구와 갈등하는 것이다. 아무튼 버터 향기와 딸기 향기는 오묘한 능력을 가진듯 하다.

그런데 만일 딸기향과 버터향이 동시에 나는 그 무엇이 있다면 사람들은 어떤 생각을 하게 될까. 아마(이런 아이디어에서) 지금 소개하고자 하는 제품의 최초 기획자는 이런 아이디어에서 생각을 시작했을 것이다.

그림 3-6에 소개한 제품은 일본의 SNS에서 이미 어느 정도의 지명도를 얻고 있는 제품이다. 딸기버터(Strawberry Butter)를 이용해 아이디어 발상의 사례를 소개하고자 한다. 필자는 이 제품을 누군가로부터 선물

받고 바로 시식을 하지 않을 수 없었다. 왜냐하면 필자 스스로 딸기와 버터를 좋아할 뿐만 아니라 상기의 내용과 같은 예비 정보를 갖고 있기 때문이기도 하다.

딸기버터(Strawberry Butter)

개봉 후의 모습

[그림 3-6] 딸기버터 사례

딸기와 버터는 얼핏 생각하기에 그리 관련성이 있는 개념은 아니다. 가공식품으로서 딸기는 딸기잼, 버터는 버터일 뿐이었다. 그런데 이를 하나로 통합하고자 하는 시도 자체에서 신선함이 느껴진다. 또한 이두 개념을 통합하고자 하는 생각 자체가 창의적인 발상의 소산이라고 생각한다. 위의 딸기버터를 시식한 후의 느낌은 나름대로 딸기와 버터의 맛을 동시에 느낄 수 있었으며 향과 식감에서 오는 딸기의 디테일 또한 어느 정도 살아있는 듯한 느낌을 받을 수 있었다. 물론 자연 상태의 딸기가 나오는 것은 아니지만 딸기잼보다는 더욱 딸기가 잘 표현되는 느낌이다. 그리고 버터의 향기까지 느낄 수 있으니 먹는 사람으로서는 새로운 가치를 부여하지 않을 수 없었다.

개발의 첫발자국은 문제에 대한 정의다. 소비자의 새로운 가치를 '딸기+버터'라는 새로운 조합에 투영하고 이를 성공적으로 달성하기 위해서 무엇이 필요한지를 확산적으로 탐색하는 것이다. 이런 종류의 시도에서 성공의 관건은 사람들의 기대치를 충족하기 위한 조건을 분석해서 해결해야 할 목표를 설정하는 것이 우선이고 다음으로 이를 실현하기 위한 구체적인 기술적 시도를 성공적으로 수행하는 것이다. 최종적인 목표를 달성하기 위해 각 단계마다 생각의 확산과 전략적 수렴을 반복하며 개념을 정리하고 어느 정도 개념과 논리적 관계가 또렷해지면 이를 증명할 수 있는 실험을 설계해서 수행하고 결과를 확인하고 평가한다. 이런 과정을 P-D-R-A의 단계별 위치를 확인하며 반복해나간다.

만약 딸기버터라고 명칭을 부여했음에도 불구하고 식감이 딸기잼처럼 끈적끈적한 느낌이 난다면 사람들은 실망할 것이다. 그렇다고 해서 버터처럼 뚝뚝 끊어지는 물성을 갖고 있어도 살근한 식감의 딸기 이미지는 큰 손상을 받게 될 것이다. 이런 점에서 위의 딸기버터는 성공적인 범주에 들어와 있다고 할 수 있다. 제품에 대한 설명에서 펙틴을 사용한다는 점을 고려한다면 아마도 딸기잼으로부터 시작하면서 물성의 변화를 시도하며 버터의 느낌을 수용해가면서 적절한 경계와 최적값을 찾아갔을 것이라는 생각을 해본다.

딸기버터는 딸기와 버터의 거리감만큼이나 의외성으로 사람들의 관심을 끌 수 있는 개념이다. 그리고 딸기와 버터의 느낌을 살려내기 위한 기술적 접근 전략의 성공을 높게 평가하고 싶다. 이 책을 읽는 독자들도 이런 아이디어 정도는 누구나 생각해낼 수 있는 사례다. 이 사례에 무슨 첨단기술이 관여된 것도 아니며 엄청난 고가의 연구 장비가 필요한 것도 아니다. 차라리 빛나는 아이디어로써 새로운 고객가치를 제시한 최초 개발자의 용감한 시도에 박수를 보내는 바다. 그리고 이 책을 읽는 많은 독자께서도 이러한 시도를 멈추지 않으시길 바란다.

소비트렌드의 발생

이 책에서는 우리나라 농업의 위치를 파악하고 선진국형 농업으로 나아가기 위한 방향을 탐색하고 실질적인 아이디어의 발상을 지원하고자 한다. 선진국형 농업이 되기 위해서는 지금보다 부가가치가 높은 농업 체계를 만들어야 한다. 그러기 위한 방법론으로서 창의적 아이디어가 어떻게 발생하는지를 설명했다. 그리고 이 장에서는 현실적이고 성공 가능성이 높은 아이디어의 발생을 촉진하기 위한 소재들에 대해 설명하고자 한다.

가성비와
가심비

사람들은 행복해지길 바란다. 그리고 어느 단계부터는 예측 가능하고 관리 가능한 범주에서의 행복을 추구한다. 미래로부터 오는 불확실성은 현실적으로 관리가 불가능하다. 물론 종교적 명상으로 이에 대처하는 사람들도 있지만 이 책에서 논할 범주는 아니다.

가성비라는 말은 아마도 사람들의 행복관이 작은 행복, 작은 사치, 작은 가게 등 작은 것에서 행복을 발견하고자 하는 시대적 흐름에서 나온 행복에 대한 척도로서 발생하지 않았나 생각한다. 소확행(소소한 것에서 확실하게 느끼는 행복)이라는 단어는 요즘 사람들의 행복관과 방법론을 제시하는 용어다.

우리나라 경제는 앞으로 그렇게 좋은 환경이 미래에 깔려 있지는 않을지도 모른다. 앞에서도 살펴본 바와 같이 생산가능인구 정점은 2017년에 발생했다고 보이는 증거가 나타났고 합계출산율에 관한 통계자료로 볼 때 총인구 정점에 대한 예측도 2018년 또는 이보다 더 가까이 와 있을지도 모른다는 연구결과가 속속 발표되고 있다. 물론 어떤 계기가 있어서 우리나라가 기회를 성공적으로 잡아채고 현재의 우리나라 반도체산업 같은 경쟁력 있는 산업 분야를 계속적으로 만들어간다면 우리나라의 미래는 계속해서 왁자하겠지만 쉬운 일은 아니다. 그리고 고도화되는 경쟁 속에서 앞으로 이런 미래를 살아가야 할 사람들에게 가성비를 따지면서 작은 행복을 추구하는 것은 행복을 위한 일종의 돌파구일지도 모른다.

우리나라 경제는 2011년 이후로 GDP성장률이 3%대에서 등락하는 정도의 수준으로 침체기를 보이고 있다. 사람들은 영화를 보고, 음주문화를 즐기는 등의 유흥비부터 줄이고 있다. 편의점을 찾는 고객 중에서 5060세대가 부쩍 늘어나고 있다고 한다. 침체기에 나타나는 현상들이다. 우리나라만의 문제도 아니다. 미국에서도 레스토랑의 매출이 뚝 떨어지고 있다고 한다. 파워런치(Power Lunch)는 줄어들고 책상 식사(Desktop Dining)나 푸드 트럭을 찾는 사람들이 늘어나고 있다고 한다. 그러나 이런 상황에서 현실을 직시하고 긍정적인 기회를 생각하는 사람들도 많다. 요즘 햄버거 가게에 가면 점원이 주문을 받지 않고 KIOSK(무인 주문 보드)를 이용하도록 하는 곳이 늘어나고 있다. 약간 한가한 시간 또는 손님이 그리 많지 않은 점포에서는 더욱 그렇다. 이런 곳의 상황은 가성비의 세상이다. 가성비는 경제 침체기를 살아야 하는 사람들에게 마음의 위안을 주는 돌파구일지도 모른다.

소비가 위축되고 있지만 여전히 강세를 유지하는 분야가 있다. 여행 분야다. 2030세대들은 수입이 늘지 않아도 다른 유흥비는 절약하면서까지 해외여행은 간다. 아직은 희망이 있다는 증거다. 일본에서는 젊은이들이 너무나도 유학을 가려 하지 않을 뿐 아니라 해외여행도 가지 않아서 국가가 직접 지원해야 한다는 말까지 나오고 있다. 그러니 우리나라는 아직 최후의 열기마저 식지는 않은 것 같다. 외국을 여행한다는 것은 비로소 자신에 대해 돌아보고 많은 비교 연구와 새로운 상상을 할 수 있는 기회다. 그리고 다양한 비교 분석 속에서 좋은 아이디어도 많이 떠오른다. 해외여행을 하다 보면 가성비야말로 득템의 기준이며 즐기며 따져보는 생사의 조건이기도 하다.

농수산물 유통시장에 새로운 변화의 바람이 불기 시작했다. 4차산업화 시대가 만드는 변화이기도 하다. 신선식품 유통에 새로운 방식이 나타났다. 새벽배송이다. 신선식품은 신선도가 생명이다. 그러니 한 번에 많이 살 수도 없다. 구매한 신선식품이 냉장고 안에서 비참한 최후를 맞이할 수도 있기 때문이다. 1인가구주들에게는 아무리 마음이 가더라도 결국 냉장고 안에서의 비참한 최후를 생각하면 선뜻 구매하기가 어렵다. 새벽배송을 처음 생각한 사람은 바로 이 점을 노렸다. 마켓컬리는 오후 11시까지만 주문을 넣어주면 다음 날 아침 7시까지 샛별배송 서비스를 기꺼이 제공해준다. 신선식품은 재구매율이 높은 충성

선진국을 만드는 농업인

고객이 풍부한 분야다. 그래서 그토록 비싼 백화점이나 동네의 조그만 슈퍼에서나 신선식품은 집객 성공의 디딤돌 같은 분야다. 조금 더 신선하다는 것을 증명해주면 사람들은 기꺼이 지갑을 연다.

경제 침체기에 사람들이 약간 초과를 하더라도 기꺼이 돈을 지불할 때는 마음의 울림이 있는 순간이다. 이때 나타나는 척도가 가심비다. 성능(性能)보다 심(心)이다. 작은 감동이 있다면 어느 정도는 감수할 수 있다. 가심비에 대해 농식품부에서는 가격 대비 마음의 만족을 추구하는 것이라고 했다. 조금 어렵게 표현한다면 자존적 만족감이라고 하고 싶다. 사람들은 자신의 존재 확인에 대한 원초적 욕구가 있다. 남들과 다른 나 자신을 느낄 수 있다면 그 무엇에 대해서도 그 가치를 인정한다. 외형적으로, 내용적으로 또는 그에 대한 설명에서 차별성을 느낄 수 있어야 한다. 이런 차별성을 확보하고 공감을 발생시키기 위해서는 창의적인 아이디어가 있어야 한다. 전 장에서 설명한 아이디어 발상법을 자기 자신에게 적용해볼 수도 있다. 문학적이거나 철학적인 돌파구를 얻게 될지도 모른다.

1인가구가 만드는
트렌드

1인가구는 대가족, 핵가족에 이어 제3의 가족 형태라고 할 정도로 이제는 하나의 기정사실이 되고 있다. 1인가구가 늘어나는 이유는 인구고령화에 의한 독거노인의 증가와 늦어지는 결혼 연령 그리고 저출산 같은 인구구조적인 원인도 있지만 그보다 더 본질적으로 사회적 가치관의 변화와 경제상황의 변화에 기인하는 것으로 생각한다.

청년실업 문제는 결혼 연령을 늦추고 있다. 경기 침체는 이런 현상을 더욱 심화시킨다. 1인가구는 젊은 세대와 고령세대에서 늘어나고 있으며 그들의 소비행태는 서로 다른 특징이 있다. 이런 특성은 소비재 유통을 근본적으로 변화시키는 동력에 힘을 보태고 있다. 그래서 솔로 이코노미(Solo Economy), 싱글슈머(Single Consumer)와 같은 신조어까지 만들어지고 있다.

통계청에서 2018년 11월에 발표된 2017년 1인가구 통계에 따르면 전국 가구 수 19.5백만 가구에서 1인가구가 5.6백만 가구다. 전체 가구의 28.7%를 차지한다. 전국적으로 비슷한 수준인데 특이한 점은 인천광역시, 울산광역시, 경기도가 25% 전후로 평균보다 낮다. 1990년에는 9%에 그쳤던 1인가구 비중이 2015년에는 26.5%로 늘어났다. 예측에 따르면 2035년경에는 약 34%에 이를 것이라고 한다. 1인가구가 대세다.

싱글족들은 자신을 위한 투자에는 적극적이다. 통계청 보고서에 따르면 소득에서 소비지출이 차지하는 비중은 여성이 남성보다 높다. 식료품에 지출하는 비중은 여성이 남성보다 높지만 외식비 지출 비중은 남성이 여성보다 높다. 그런데 식생활 관련 지출 비중은 남녀 공히 과거보다 낮아지고 있다. 경제사정이 어려워지고 있다는 징후다.

1인가구의 여건이 요즘 서서히 어려워지면서 젊은 1인가구나 고령 1인가구 각각에서 양극화현상이 나타나고 있다. 고령자 중에서 적극적인 소비활동을 보이는 계층을 블루슈머(Blue Consumer)라고 한다. 젊은 1인가구 중 직장이 안정된 사람들은 자신의 행복에 대한 투자에 적극적이며 소비 수준이 높다. 신규 사업 아이템을 고려한다면 이들을 잊지 말아야 한다.

유통의 강자였던 대형마트와 슈퍼의 매출이 온라인쇼핑몰보다 작아졌다. 이미 2015년의 일이다. E와 L로 대표되던 대형마트의 매장 영업이익이 반토막 났다고 한다. 2018년의 일이다. 업계에서는 대형마트의 본격적인 침체기가 온 것이 아닌가 하는 고민이 깊어지고 있다. 1인 가구 중에서도 싱글남은 편의점 이용이 늘고 있으며 싱글녀들은 올리브영과 같은 잡화점의 이용이 늘고 있다. 이제는 온라인 기업들이 확고한 유통의 강자가 됐다. 쿠*은 2018년 매출이 전년 대비 2배 신장한 것으로 추정되며 위**는 전년 동기 대비 약 43% 증가한 것으로 추산된다. 놀라운 성장세다. 우리나라에서도 제2의 아마존이 나오는 것이 아닐까 하는 즐거운 상상을 해본다.

1인가구의 증가는 국산 과일의 소비감소를 몰고 왔다. 1인가구는 간편식을 선호한다. 값싸고 소포장의 수입 과일을 많이 구입한다. 가족들이 둘러앉아 사과, 배 등 전통적 우리 과일을 나눠 먹으며 이야기를 나누던 모습은 드라마에서나 볼 수 있는 일이 됐다. 이를 극복하기 위한 국산 과일의 대응책은 컵과일이다. 먹기 좋게 처리한 과일을 아주 조금씩 담아서 투명한 포장에 계절의 멋과 스토리가 연상되는 멋진 이름으로 제안한다면 더욱 좋을 것이다.

가정간편식(HMR, Home Meal Replacement)에 인기가 몰아치고 있다. 컵밥은 이제 노량진의 어린 학생 또는 어른 학생들만 먹는 메뉴가 아니다. 컵밥의 아이디어는 세계적인 주목을 받았다. 새로운 가능성을 본 것이다. 새우볶음밥, 새우치킨도리아, 소고기볶음밥, 스테이크볶음밥, 치킨

선진국을 만드는 농업인

깍두기볶음밥 등 정체를 알 수 없는 온갖 볶음밥뿐 아니라 동태전, 동 그랑땡, 모듬전 등 냉동음식은 재래시장의 아이템까지 자신들의 영역 으로 포함해버렸다. 삼계탕, 사골국밥, 짬뽕국밥은 대형 식품기업에서 손댄 지 오래됐다. 곤드레나물비빔밥, 고추장나물비빔밥까지 가면 완 전히 상황이 달라진다. 이 정도라면 소규모 자영업자들이 접근 가능한 영역인데 선수를 놓쳐버린 분위기다. 물론 맛도 중요하지만 식품에 대 한 위생 기준을 어떻게 확보하느냐 하는 것은 소규모 사업자들의 걸림 돌이며 창의적 돌파구가 필요한 영역이다.

가정간편식을 찾는 소비자들은 당연히 1인가구가 많다. 그런데 2인~3인 가구에서도 많이 이용한다. 맞벌이가정에서는 바쁜 일상에서 어느 정도의 맛과 위생이 보장된다면 이용하지 않을 이유가 없다. 이들 을 위한 가정간편식은 우리나라 농업의 부가가치 높은 신규 아이템시 장 중 하나가 열려 있는 장이 될 것이다.

03

반려동물과
행복시대

　반려동물을 키우는 사람들은 행복을 느낀다. 강아지와 산책하면서 사람과 강아지는 같이 행복감을 느낀다. 농식품부의 2015년 조사에 따르면 우리나라의 반려동물 보유가구 비율은 21.8%였다. 2012년에 비해 3.9% 포인트 높아진 것이라고 한다. 반려동물 보유가구 수가 늘어난 데는 1인가구의 기여가 크다.

　대규모 동물사료 생산 기업들은 이미 치열한 경쟁에 들어갔지만 주변에서 볼 때 이미 많은 사람이 수제사료를 만들어 반려동물들에게 먹이고 있으며 선물로 서로 교환하는 일도 많다. 아파트 상가에는 이미 수제사료 가게가 성업 중이다. 수제사료가 늘어나는 데에는 반려동물에 대한 사랑이 크기 때문이겠지만 사람과 같이 살아가는 동물들

역시 환경공해로 인한 걱정이 있다. 필자가 키우는 강아지 역시 가려움증으로 고통받는 모습을 보면 가족들은 가끔씩 유기농 자연식을 사게 된다.

일본 도쿄의 반려동물 수는 사람 수보다 많다고 한다. 독일 시장조사기관의 조사에 따르면 일본의 반려동물 보유가구 수 비율이 37%, 우리나라의 반려동물 보유 비율이 31%로 나타났다. 통계 간의 비교가 유의미할 정도의 자료는 아니지만 현재 일본에서 반려견의 보유는 거의 포화 상태이며 서서히 줄어드는 현상이 보인다고도 한다.

[그림 4-1] 사람과 공감하는 반려견의 사랑스러움

일본의 반려동물시장은 수에 있어서는 포화 상태를 보이고 있지만 반려동물의 고령화와 고급화 추세로 시장규모는 매년 1.4%씩 성장하고 있다. 우리나라에서도 반려동물시장은 성숙해지고 있으며 고급화 추세도 강하게 나타나고 있다. 최근 우리나라는 미세먼지로 큰 고통을 겪고 있다. 마찬가지로 반려동물 역시 미세먼지로 괴로울 것이다. 산책을 즐기는 강아지의 경우 사람과 마찬가지로 미세먼지에 대한 대비가 필요하다. 당연히 반려견용 마스크가 판매되고 있다. 사람들 것보다도 고가다. 어떤 집에서는 미세먼지로 인한 피해를 줄이기 위해서 강아지들에게 도라지 물이나 꿀물을 준다고도 한다. 여름철 혹서기에 반려견용 돌침대가 사용된 것도 이미 오래된 일이다.

반려동물들이 사람들 곁을 지키게 된 것은 사람들의 적극적인 행복추구 가치관과, 또 하나의 요인으로 1인가구의 증가와 무관치 않다. 1인가구주들은 외롭다. 외로운 사람들은 반려동물로부터 위안을 얻는다. 최근에는 행복해지기 위한 기준으로 새로운 지표가 사용되기 시작했다. 바로 워라밸이다. 일과 인생의 균형을 찾자는 것이다. 행복과 나의 자존감을 찾기 위해서라면 약간의 경제적 비용도 기꺼이 부담하겠다는 사회현상이다. 이렇게 새로 생긴 시간과 공간에 반려동물들이 들어오고 있다.

선진국을 만드는 농업인

04

깻잎의
재발견

재발견이라는 말은 벌써 너무 많이 듣던 말일지도 모르겠다. 그러나 하나의 일에도 발견하고 발견해도 주의 깊게 살펴보면 새로운 것이 있다. 우리는 삼겹살 먹을 때 상추와 깻잎에 싸서 먹는 일이 당연한 일이지만 외국인들에게는 상당히 새로운 경험이 된다. 내가 아는 일본인은 깻잎의 맛에 빠져버렸다.

일본에 가면 깻잎과 매우 유사한 식물 잎이 있다. 시소라는 식물인데 우메보시(일본의 절인 매실)를 만들 때 사용하는 식물이다. 우리말로는 차조기라고 한다. 필자도 처음 일본에 갔을 때 슈퍼에서 깻잎 비슷한 것을 발견해서 기쁜 마음으로 사서 집에 왔었다. 그리고 저녁 식사 반찬으로 먹었는데 이럴 수가 하며 크게 낙담했던 기억이 난다. 우리나라 깻잎과는 전혀 다른, 아무 상관도 없는 맛이었다. 모두 버릴 수밖에 없었다. 이런 경험은 처음 한국에 오는 일본인들도 똑같이 겪는 일이다. 깻잎을 시소로 오해하고 구매하는 데서 생기는 일이다.

그리고 상당히 시간이 흘렀다. 한국과 일본을 자주 오가는 사람들에게는 깻잎과 시소가 흔한 이야기 감이 됐고 마음의 준비도 돼서 그런지 모르겠지만 나는 우메보시를 먹으면서도 차조기의 색과 향이 어렵지 않게 느껴지기 시작했고 많은 일본인도 깻잎의 맛과 향에 대해 거부감이 줄었다. 내 짐작에 결정적인 계기는 들기름이었을 것으로 생각한다. 한때 일본인들이 한국에 와서 선물로 사가는 최선호 아이템 중에 들기름이 있었다. 일본에서는 '깨'하면 참깨를 생각하고 먹는다. 들깨가 있는 줄도 몰랐다. 그런데 일본 매스컴에서 건강식품으로서 들기름의 효능을 소개한 적이 있다. 그런데 들깨는 한국에서 상대적으로 대량 재배되고 어렵지 않게 구할 수 있었으니 귀국 선물로서 최고의 아이템이 된 것이다. 그다음은 들깨의 잎이다. 이렇게 해서 우리나라의 깻잎은 일본인들에게 인기를 얻기 시작했다. 어떤 일본인은 아예 들깨 씨앗을 사다가 집에서 키워 먹는다고 한다.

2018년 11월 보도에 따르면 충남 금산군의 만인산농협 산지유통센터에서 금산군, ㈔재일한국농식품연합회, 만인산농협, ㈜선일푸드가 깻잎 일본 수출확대를 위한 업무협약(MOU)을 체결했다고 한다. 좋은 시도다. 사람들 사이에 일어나는 작은 일에서 기회를 잘 포착했다고 생각한다. 그런데 문제가 있다. 국가 간에 신선 농산물을 교역하고자 할 때는 통관상의 문제가 있다. 이 부분에 대해 상대방의 요구조건을 잘 충족시켜야 한다. 그리고 상대국에서 완전히 새로운 품목일 경우 품질의 기준에 대한 상호 규정에 대한 협의가 필요하다.

21세기를 살아가는 마당에 해당 품목에 대한 품질 기준이 없다면 아예 대량유통 시스템에 끼워줄 이유가 없다. 향후 상거래 과정에서 다양한 문제가 발생했을 때 상호 해결의 바탕이 없는 것이다. 해당 기사에서도 이런 점을 잘 설명했다. 그런데 이 기사를 쓰신 분이 깻잎을 먹기 위해 주방에서 물에 씻는 일을 해본 경험이 없는 분 일지도 모르겠다는 생각이 들었다. 왜냐하면 깻잎을 물로 세척하는 일은 상당히 번거로운 작업이다. 잎이 얇아서 잘 안 된다. 수출 전에 할지, 후에 할지는 잘 모르겠지만 누군가는 깻잎 세척기를 개발해야 한다. 세척 시 깻잎의 외형적 손상을 최소화하면서, 가능하다면 포장까지 완료하는 기계가 필요하다. 우리나라에는 제법 농업기계 관련 전문 단체가 많다. 이들 중에서 목적에 맞게 협력관계를 맺는 것이 좋겠다.

쌀에 대한
새로운 시각

　쌀은 모자라도 문제, 남아도 문제다. 모자라면 당장 식량안보에 영향을 미친다. 남으면 쌀 가격 하락과 그로 인한 변동직불금의 증가로 정부 재정 압박과 통상마찰을 염려해야 한다. 쌀의 생산기반은 크게 훼손시키지 않으면서 쌀 생산량을 일정 범위로 조절할 수만 있다면 좋겠지만 날씨로 인한 수확량 변동은 사람의 능력 밖이다. 게다가 기후변화는 점점 심해지고 있으니 더더욱 예측 작업은 힘을 쓰기 어렵다. 어떤 전문가인들 시원한 답을 제시하기는 어렵다. 이럴 때 눈 감고 해도 좋은 방안은 쌀 소비기반의 강화다. 게다가 장기적으로 추진할수록 효과는 단단히 쌓여갈 수 있다. 단기적인 실패에 위축되지 말아야 한다.

쌀 소비가 매년 줄어드는 이유는 서구식 또는 외국의 식문화 확산 때문이다. 그래서 쌀빵을 개발하고 퓨전 떡, 굳지 않는 떡도 개발했다. 체감 가능한 획기적인 소비 증가를 느끼지 못할지는 모르겠지만 전체적인 자료를 보면 가능성은 보인다. 2014년 식품 제조업에서 사용한 쌀의 양은 약 53.5만 톤이었다. 그런데 2018년 식품 제조업에서 사용한 쌀의 양은 약 75.6만 톤으로 그새 22.1만 톤이 늘었다. 게다가 1인가구가 많이 애용하는 도시락 제품에 사용된 쌀의 양이 14.7만 톤이었다고 하니 우리나라의 1인가구는 우리나라 농업의 수호자 역할도 하고 있다.

어떤 농업 전문가는 농업 관련 신제품 개발 지원 업무를 하고 있는데 늘 미안해하면서 작은 성공은 그래도 좀 있는데 빅 히트 제품이 나오지 않아서 고민이라고 한다. 그런데 나는 이 분이 조금 잘못 생각하고 있다는 생각이 순간적으로 들었다. 농업 분야에서 얼마나 큰 신제품이 개발돼야 성공이란 말인가? 농업 분야 또는 식품 분야의 특징은 잔잔한 물결이 모여 큰 물길을 만들어내는 것이지 무슨 반도체나 자동차 개발처럼 몇천억, 몇조 원 단위의 일이 생기는 분야는 아니다. 그런데도 빅 히트가 없어서 아쉽다는 것은 잘못된 기대 내지는 업무 전략상의 센스가 약간 미숙한 게 아닌가 하는 생각이 들었다. 농업 분야에서의 성공 전략은 작은 성공을 지속적으로 만들어 낼 수 있는 능력이 중요하다. 쌀의 생산기반에서 오랫동안 일을 했던 사람들은 작은 변화가 제법 큰 결과를 만들 수 있다는 계산에 친숙할지는 모르겠지만 쌀의 소비기반 강화를 위해서 일하시는 분들에게는 작은 성과를 지속적으로 만들어 낼 수 있는 기획능력이 중요하다.

얼마 전 미얀마의 쌀산업 경쟁력 강화 프로젝트에 참가하면서 발견한 에피소드를 하나 소개하겠다. 마침 해당 지역을 우리가 방문했을 때가 수확시기였다. 자신들의 지역특산품이라며 포산(Paw San)이라는 벼 품종을 소개해줬다. 단립종이면서도 대부분의 동남아시아산 벼 품종에서 나는 특유의 냄새가 났다. 나로서는 처음 보는 특이한 품종이었다. 우리나라가 쌀이 부족하던 시기 월남미라는 쌀이 수입됐던 적이 있었는데 특유의 냄새와 찰지지 못하다는 이유로 배척당했었다. 심하게는 쥐 오줌 냄새 같다는 표현까지 나왔었다. 그러나 세계적으로 다양한 먹거리에 어느 정도 적응한 내 입맛에는 현재의 느낌은 고소함이다. 그런데 동남아시아에서는 이런 종류의 쌀 향기에 대한 선호도가 매우 높다. 이런 종류의 쌀(향미)에서 세계적으로 명성을 얻고 있는 품종은 바스마티(Basmati)다. 인도 원산으로 바스마티의 뜻이 '향긋한 것'이라고 한다. 미얀마 양곤의 마트에서 쌀에 대한 시장조사를 했다.

포산은 미얀마에서 유명한 단립종 향미인데 2Kg 포장에 2,700 Ks(차트)였으며 양곤의 마트의 같은 진열대에서 판매되는 장립종 향미인 바스마티는 2kg 포장에 6,000 Ks(차트)였다. 그 가격 차이에 놀라지 않을 수 없었다. 포산도 미얀마에서는 중상급 쌀이다. 그러함에도 불구하고 쌀에 대한 기호의 차이가 이 정도의 가격 차이를 만들어낼 것은 미처 생각 못했다. 바스마티는 이미 우리나라에도 수입되고 있다. 1kg에 약 8,000원 내지 9,000원 정도에 판매된다. 그런데 왜 우리나라 농업 분야

[그림 4-2] 미얀마에서 유명한 포산(우측)과 바스마티(좌측)

에서는 바스마티 같은 품종을 육종하지 않는지 의문이 들었다. 바스마티가 극단적인 장립종이라 그렇다면 포산 같은 단립종도 있다. 기후상의 차이가 좀 있지만 여름철 기후는 비슷하다.

포산 같은 쌀을 트로피컬 자포니카(Tropical Japonica)라고 한다. 혹시 독자 중에 왜 여기서 Japonica가 나오느냐, 일본은 벌써 여기까지 와서 연구개발을 했느냐고 의아해하는 독자가 있을지 몰라 설명한다면 오래전에 단립종 벼에 대해 최초로 연구하고 학명을 부여한 사람이 일본 학자였다. 식물 학명은 먼저 발견해서 이름을 부여하는 사람에게 작명에 관한 권한을 준다. 그래서 그 이후로 단립종 벼에 대해는 계속 Japonica라는 명칭이 붙게 된 것이다. 그런데 동남아시아에 와서 단립종 쌀을 만나게 된 것은 전혀 의외의 일이었다. 그래서 주의 깊게 맛까지 보게 됐다. 포산은 나에게 매력적인 맛으로 느껴졌다. 적당한 찰기와 고소한 냄새가 그냥 밥으로서뿐 아니라 볶음밥 용도로 사용하면 아주 좋겠다는 생각이 들었다. 그리고 한 가지 더, 벼의 원산지는 과연 어디일까 하는 오래된 의문이 다시 떠올랐다. 필자가 보기에 쌀의 원산지 문제는 인류의 진화와 이동 경로와의 관계가 있을 것으로 보기 때문이다. 최근 인류의 기원에 대한 새로운 연구결과가 속속 나오면서 쌀의 기원에 대한 호기심을 자극한다.

향미 육종에 대해 쌀 향기에 대한 기호 차이를 염려한다면 우리나라 사람들은 이미 오랫동안 카레의 향기에 익숙해져 있으며 타코 등 멕시코 음식에서 나는 특유의 향기에도 많이 익숙해져 있다. 그뿐이랴, 너무나 많은 사람이 이미 해외여행의 경험으로 바스마티나 포산의 향기 정도는 충분히 받아들일 준비가 됐다고 생각한다. 쌀에 대한 새로운 기호는 새로운 시장을 만들어낼 것이다.

미국의 오바마 대통령이 가장 좋아하는 음식 중에는 인도네시아의 나시고랭이 있다. 우리나라에서도 더러는 나시고랭을 파는 음식점이 있기는 하지만 인도네시아를 여행하며 진짜 나시고랭을 먹어보면 약간의 차이를 느낄 것이다. 인도네시아에서도 저렴한 음식점에서는 그저 그런 쌀로 나시고랭을 만들지만 제대로 된 음식점에 가서 나시고랭을 먹어보면 쌀이 약간 다르다는 것을 느낄 것이다. 단립종이다. 그리고 찰기도 우리나라의 쌀과 동남아시아의 장립종의 중간 정도다. 나시고랭의 참맛을 느끼고자 한다면 소스의 맛뿐 아니고 쌀의 차이에서 오는 식감의 차이를 느끼는 것이 중요하다. 찹찹하면서도 입안에서 느껴지는 식감에서 차별성이 느껴진다. 이런 쌀이 트로피컬 자포니카(Tropical Japonica)다. 미얀마의 포산도 일종의 트로피컬 자포니카라고 생각된다.

동남아시아를 여행해보면 독특한 조리방법과 맛으로 차별화된, 나라마다의 볶음밥이 있다. 그런데 볶음밥과 카레라이스에 잘 어울리는 쌀은 향미 계통의 쌀이다. 우리나라에 수입되는 바스마티의 수요자는 대부분 볶음밥과 카레라이스의 참맛과 깊은 풍미를 느끼고자 하는 사람들일 것이다. 매우 비싼 가격을 감수하면서도 이 쌀을 구매한다. 나또한 볶음밥과 카레라이스에는 동남아시아의 향미 계통이 잘 어울린다는 것을 충분히 인식한다. 그렇다면 지금쯤은 우리나라의 농업 분야 전문기관에서도 트로피컬 자포니카 계통의 향미 정도는 시장에 내놓아도 될 단계가 아닌가 생각한다. 농업 전문가들이 이제는 벼의 품종 육성에서 생산 위주의 접근을 하는 것이 아니고 가치 위주의 소비기반의 강화라는 길로 접근하는 것이 필요한 단계다. 그래야 쌀 문제로 인한 국가 재정의 압박도 줄이고 통상갈등도 방지할 수 있다.

[그림 4-3] 소고기와 해물을 이용하거나 계란 부침으로 둘러싼 나시고랭

선진국을 만드는 농업인

06

B급 문화의
유쾌함

어려울 때일수록 잘 웃는 것이 좋다. 의식적으로라도 웃으면 마음이 편해지고 긍정적인 생각이 든다. B급 문화라고 해서 비하의 의미로 하는 말이 아니다. 오히려 B급 문화의 긍정적 파급력에 대해 말하려는 것이다.

이미 매스컴이나 유튜브에는 B급 문화가 강세다. 일반적으로 경제가 어려워지면 B급 문화가 강세를 보인다. B급 문화는 과거의 문화를 패러디하는 경우가 많다. 아저씨들이 할 이야기 없으면 군대 이야기 꺼내는 것과 마찬가지다. 과거의 일을 긍정적으로 해석하면 마음이 즐겁고 편해지게 된다. 과거의 일을 유머러스하게 재구성하면 다른 사람들과 공감하기 쉽다. 게다가 유머는 창의성이 생명이다. 망가지더라도 다른 사람들이 미처 생각지도 못했던 창의적인 방법으로 망가져야 웃음이 나오는 법이다. 한국의 B급 문화 코드로 일거에 세계적 인물이 된 연예인이 있다. 강남 스타일의 싸이다. 유머에는 국가 간 문화적 차이조차도 뛰어넘을 수 있는 힘이 있다.

농업 관련 대중서라고 할 수 있는 이 책에서 B급 문화를 이야기하는 데에는 이유가 있다. 생산 위주의 농업보다는 가치에 기반한 소비 위주의 농업에 방점을 찍어야 할 때라고 생각해서다. 농촌에 찾아오는 도시민들에게 즐거움을 줄 수 있어야 인기도 좀 높아진다. 농업과 농촌을 소개하는데 창의적 B급 문화 코드는 이 시대 최고의 수단이다. 물론 그렇다고 분위기 있는 고품격의 코드를 아주 포기하자는 이야기는 절대 아니지만 요소 요소에 B급 코드를 설치해 놓으면 서로 서로 즐겁고 도움이 될 것이다. 앞으로 우리나라 경제와 농업에 대한 예측에서 쉽지 않은 상황이 무척 많을 것 같은데 웃음이라도 웃어보자. 그러나 통찰력이 부족한 B급 문화는 사절한다. B급 문화를 보여주다가 C급으로 전락할 수 있기 때문이다.

07

행복의
역설

사람들은 행복을 추구한다. 행복해지기 위해 열심히 돈도 벌려고 한다. 그런데 돈은 어느 정도 이상이 되면 그렇게 행복에 기여하지 못한다고 한다. 농업의 가치는 이제 단순히 식량 등을 생산하는 물질적 기능에서만 나오지 않는다. 우리의 환경도 보존 관리하고 사람들에게 위안을 주는 정신적 기능도 이제는 중요해졌다.

최근 연구에 따르면 미국에서 연간 소득이 7.5만 불 이상이 되면 소득이 더 늘어나도 행복해지는 정도가 크게 둔화된다고 한다. 그 이유는 7.5만 불 선에서부터 사람들은 작은 행복에 둔감해지기 때문이다. 사람들은 더욱 큰 행복을 추구하지만 어떤 행복이든지 유효기간이 있다. 아무리 큰 행복이더라도 3개월이 지나면 더 이상 행복감을 주지 못한다고 한다. 경험적으로 이해가 가는 말이다. 그러니 행복하게 살길 바란다면 최소한 3개월마다 하나 이상의 행복해질 수 있는 일을 만들어야 하는 것이다. 그런데 이런 행복을 매번 큰 것으로만 만들려고 한다면 야구 선수가 매번 홈런을 치려고 하는 것과 다를 바가 없다. 이런 이유로 나온 것이 작은 행복론이다. 현대사회에서는 작은 일에서 행복을 발견할 수 있는 능력이 중요하다. 그것도 3개월 이내에 말이다.

SNS가 새로운 사회상을 만들고 있다. 전 세계가 마치 동시진행형 같다. 다양한 친구 맺기는 호기심 충족과 동료의식을 강화하는 측면도 있지만 내면에 있는 또 다른 나는 점점 외로움을 느낀다. 그래서 이제는 SNS 이용을 그만두거나 자제하는 사람들이 생기고 있다. 다른 사람과 비교해서 나 자신을 확인하고자 하는 어리석은 행위는 성립될 수도 없고 무의미하다는 것을 알아야 한다. 제어할 수 없는 비교 심리는 자신을 불행하게 만들 수 있다.

농업은 작은 행복을 느끼기 좋은 분야 중 하나다. 농민들이 매일 논과 밭과 축사에 나가서 작물과 동물들에게 발자국 소리를 들려주는 이유도 사실은 하루하루 자라고 변해가는 존재들의 모습을 보면서 자신이 행복감을 느끼기 때문이다. 동물 중에서 대표적으로 B급 연기에 능숙한 놈들이 강아지다. 보고 있으면 묘한 공감과 웃음이 절로 나온다. 스스로 사람이라고 생각하는 강아지들은 더욱 재미있고 사랑스럽다. 훌륭한 농업인이라면 이렇게 소중한 행복의 기회를 그냥 혼자만 즐기려 해서는 부족하다. 이런 행복을 다른 사람들과 나누려 하는 것이 바람직하다. 이렇게 하는 것이 농업의 소비기반을 강화하는 길이며 사람들이 농촌으로 더 많이 찾아오게 하는 매력적인 경영전략이다.

08

강남역발
트렌드

강남은 싸이의 강남 스타일로 일약 세계적인 명소가 됐다. 물론 그 이전부터 거대 상권을 형성하고 있었지만 싸이의 B급 문화적 뮤직비디오의 이미지와 겹치면서 세계화됐다. 외국 관광객들이 찾아가는 강남은 '강남역'이다. 사실 강남에는 압구정동, 청담동 등 더욱 개성 있는 지역도 있지만 농업 대중서를 지향하는 이 책에서는 강남역을 중심으로 발산되는 문화를 보면, 새로운 보통 사람들을 이해할 수 있게 된다는 점에서 소개하려는 것이다. 강남역은 보통사람들이 많이 다니고, 만나는 장소다. 그들이 강남역으로 몰려드는 이유를 그들은 강남스럽지 않은 강남이라서, 부담스럽지 않아서, 그러면서도 가장 앞서가는 지역이라서 간다고 한다.

강남역에서 신논현역 사이의 강남대로는 항상 인파로 붐빈다. 사람들이 모여드는 첫째 이유는 지하로, 지상으로 대중교통망이 이 지역으로 집중돼있기 때문이다. 지하철은 2호선, 9호선, 신분당선이 직접적으로 강남대로에 연결돼있으며 지상으로는 서울 인근으로 향하는 수많은 광역버스가 이곳을 중심으로 뻗어 나간다. 초행자가 강남대로에서 광역버스를 이용하고자 할 때에는 버스 정거장의 위치를 인터넷을 통해 정확하게 파악하고 나와야 한다. 그렇지 않으면 당황스러운 경험을 하게 될 가능성이 있다. 이것은 필자의 B급 경험담이다. 둘째로 강남역에 사람들이 많이 모이는 이유는 즐길 거리가 많기 때문이다. 젊은이들은 젊은이들대로 많지만 5060세대들에게도 그들만이 주로 가는 대중음식점이 많다. 세 번째 이유는 사람들이 필요로 하는 것들이 많아서다. 필요로 하는 것 중에서도 외국어학원, 공무원학원, 전문대학원학원, 유학학원 등 그리고 우리나라를 대표하는 IT기업 S사와 대표적 대형 서점인 K문고가 남북으로 위치한다.

강남역에 사람이 몰려드는 이유를 종합적으로 말한다면 지정학적인 요충지이기 때문이다. 강남의 거의 모든 것들이 이곳을 통한다. 그러니 기업들도 그 높은 임대료를 감수하면서까지 이곳에 플래그십 숍(Flagship Shop)을 내고 있다. 플래그십 숍은 매출도 중요하지만 홍보와 브랜드력의 향상을 목표로 한다. 그러니 강남역 주변만큼 좋은 곳은 없다.

고부가가치 농업을 생각한다면 대표적 고객들이 몰리는 이곳의 분위기를 가끔은 둘러보는 것이 좋다. 그들이 무엇을 원하는지를 당장 정확히 찾을 수 없더라도 한 번씩 둘러보길 권한다. 그 분위기만이라도 느낄 수 있다면 본인이 시대에 뒤지지 않을 수 있으며 고객들의 반응을 이해하는 데에도 큰 도움이 될 것이다.

[그림 4-4] 강남대로 거리 풍경과 지하철 연결도

선진국을 만드는 농업인

[그림 4-5] 강남대로에서 만나는 다양한 플래그십 숍

제5장

성공하는
비즈니스 모델

01

비즈니스
모델이란

비즈니스 모델이라는 용어에 대한 정의는 다양하게 표현된다. 가장 간단히 말한 것은 '어떻게 사업을 하는가에 대한 설명'이 있으며 또는 '비즈니스 구조, 비즈니스 구조 요소 간의 관계, 비즈니스 구조가 실제 현실에서 대응하는 방식' 등으로 표현된다.

타당성 분석 작업(Feasibility Study)과 비즈니스 모델 검토 작업(Business Model Study)은 유사하지만 서로 다른 작업이다. 타당성 분석은 비즈니스 모델 분석에 비해 상대적으로 상당 부분의 조건들이 좁혀진 상태에서 수익성 위주로 다양한 영향에 대해 검토하는 것이다. 이에 비해 비즈니스 모델 분석은 더욱 광범위한 관점에서 사업의 수익성과 전략적 상호 관계를 검토하는 작업이기 때문에 타당성 분석에 비해 더욱 전략적이고 근본적인 내용에 대해 검토하고 분석하게 된다.

따라서 비즈니스 모델 분석은 자유도가 큰 작업이다. 개념적으로는 고객가치를 제안하고 실현하는 과정이며 최종적으로는 이익으로 연결하는 모델이라고 할 수 있다. 따라서 그 구성은 대략적으로 고객에 대한 정의, 고객가치, 경영전략, 기술기획, 원가관리, 수익성 분석, 마케팅 전략 등에 대해 검토하는 전략적 작업이라고 할 수 있다.

02

고객
가치

비즈니스 모델에서 가장 중요하고 창의적 발상이 필요한 부분은 고객가치에 대한 정의다. 기업이 고객에게 제공하는 제품과 서비스 그리고 이와 관련해서 고객이 느끼는 모든 만족감과 감흥을 고객가치라고 할 수 있다. 이 고객가치를 어떻게 정의하느냐에 따라 비즈니스의 영역뿐 아니라 관련된 마케팅전략, 기술 전략 심지어는 기업의 장기적인 비전도 변화돼야 한다.

고객가치는 시대의 흐름에 따라 변화한다. 경제가 침체기인가 또는 호황기인가에 따라 고객들의 가치관은 변화하며 이에 따라 고객들이 원하는 것도 변할 수 있다. 요즘처럼 기술의 발전 속도가 빠르며 게임 체인저 수준의 혁신적 기술이 나오면 당연히 고객가치는 변화하게 된다.

고객가치는 다양한 개념으로 나타날 수 있는데 크게 기능과 가치라는 두 가지 속성으로 나눌 수 있다. 기능이란 구체적이고 물리화학적이고 행위에 의한 효과를 말하며 가치란 고객에게 만족감을 주는 기제(機制)를 말한다. 기능이란 하드웨어적 또는 소프트웨어적 기술에 의해서 창의적으로 구현되는 것이며 가치란 고객에게 주어지는 심리적 만족감인데 그 제품이 가진 효능의 의미, 사회적 의미, 심리적 의미, 그 기업의 윤리관과 비전 등 광범위한 개념들의 창의적인 발상에 의해 주어진다고 할 수 있다.

일례로 에어비앤비는 모두가 잘 아는 세계 최대의 숙박공유기업인데 2016년에 트립스(Trips)라는 여행일정 짜주기 서비스를 선보였다. 이 것은 앞으로 에이비앤비는 숙박공유만 하는 것이 아니고 여행일정까지 짜주는 관광 회사로 거듭난다는 것을 의미한다. 트립스로 인해 기업이 고객에게 제공하는 고객가치가 변화했으며 사업의 영역과 기업의 이미지조차 변화하게 된다. 고객가치는 비즈니스 모델에서 가장 근본적인 부분이며 가장 근본적인 가치로부터 창의성을 요구한다. 고객가치를 잘 정의함으로써 경쟁력을 높일 수 있고 그 기업의 미래를 변화시킬 수 있다.

하나의 예를 더 들어보겠다. 최근에 우리나라 매스컴에서는 맛집을 소개하고 경험하는 프로그램들이 인기 있다. 이를 보는 사람들도 맛집

선진국을 만드는 농업인

탐방을 즐기고 있다. 사람들이 맛집을 찾아가는 이유는 무엇일까? 단순히 음식 맛을 즐기러 간다고 하면 기능적 고객가치만을 보는 단순한 시각이다. 사람들이 맛집을 찾아다니는 것은 그 맛뿐 아니라 화제성을 즐기면서 그 맛집에 갔었다는 사실에 자신을 투영하고 다른 사람들에게 이를 보여주고자 하는 것이다. 이를 통해 느껴지는 다양한 종류의 만족감을 위해서 찾아가는 것이라고 봐야 한다. 맛집을 만들고 싶다면 이러한 고객의 욕구에 부응할 수 있는 자신만의 가치를 창출하는 것이 반드시 필요하다.

비즈니스 모델을 만들 때 고객가치를 어떻게 정의하는가에 따라 회사의 모습과 그 결과는 크게 달라진다. 고객가치를 정의할 때에는 사회의 가치관과 시장의 흐름 그리고 사업을 하고자 하는 자신들의 가치관도 주의 깊게 살펴야 한다.

고객가치를 정의하는 작업은 이처럼 고급의 개념으로만 정해지는 것은 아니다. 단순하지만 본질적일 수 있다. 전라남도의 어떤 농업인은 배추농사에 도전했다. 그런데 그해 기후가 너무 좋아서 배추농사는 대풍이었고 배추의 공급이 수요를 훨씬 초과하는 상황이 벌어졌다. 당연히 배추 가격이 폭락했다. 배추밭을 트랙터로 갈아엎으려 해도 투입된 비용으로 인해 예상되는 적자 폭은 감당할 수 있는 수준을 넘어갔다. 절박한 상황에서 생각해낸 것이 수확한 배추를 절임배추로 만들어서 인터넷으로 파는 작업을 시도하는 것이었다.

자신이 영위하던 배추 재배 사업의 밸류체인을 확장해서 배추 풍년으로 발생한 배추의 레드오션을 탈출하고자 하는 시도인 셈이었다. 그리고 이 시도는 김치를 좋아하면서도 자신들 가정의 맛을 만들고 싶어 하는 도시 소비자들의 요구와 일치했다. 김치를 마트에서 사서 먹는데 식상도 했지만 자신만의 맛을 추구하고 싶은 주부들이 욕구를 충족시킬 수 있는 기회를 만난 것이다. 이 농업인이 재배한 배추는 유기농으로 재배했기 때문에 화학비료를 주면서 키운 배추보다 훨씬 단단한 배추의 식감이 차별적이었다. 이에 대해 이 농업인은 자부심을 갖고 있었다. 다른 배추보다 아삭아삭한 식감이 우수했다. 처음에는 일가친척들을 중심으로 판매했지만 곧 입소문이 나면서 모바일 주문이 몰려들었다.

자신이 재배한 배추에 대한 가치를 절여도 아삭한 배추로 재정의하면서 새로운 용도와 고객가치가 나왔다. 고객층을 집중시키고 고객들에게 제안하는 가치를 차별화했다. 그리고 판매 방식을 바꾸고 고객에게 제안하는 가치를 발전시켰다. 이 농업인은 이때의 성공을 바탕으로 제2의, 제3의 아이템을 개발해나갔다. 자신의 고객층에 대한 이해를 바탕으로 고객가치를 확장해간 것이다.

스티브 잡스는 학교에 다닐 때 알파벳 서체에 관한 과목을 수강한 바가 있다고 한다. 이때의 경험은 매킨토시 개발에 영향을 미쳤으며 스티브 잡스가 추구한 심플한 디자인의 아름다움을 아이폰에서 구현하는 데 성공했다. 고객들에게 새로운 가치를 제공한 것이다. 실제로 아이폰을 구입하는 고객들은 성능보다는 디자인과 브랜드가치에 대한 충성심으로 구입한다. 그 시대에 그 구성원들의 고객가치가 어디에 있는지를 찾고, 창조하는 일은 매우 창의적인 과정이다.

03

비즈니스 모델
기회의 포착

1) 시장의 트렌드로부터 기회 포착

비즈니스의 기회를 포착한다는 것은 매우 결정적이고 중요한 일이다. 그러나 쉽지 않은 일이다. 비즈니스의 기회를 포착하기 위해서는 다양한 사회적 요인들의 변화, 기술의 흐름, 시장의 흐름 등 다양한 흐름과 요인들에 대한 깊은 이해가 있어야 한다. 이러한 흐름의 변화를 발생시키는 원인에는 사람들이 추구하는 고객가치의 변화가 있다. 사람들이 무엇을 필요로하고 무엇을 원하는지를 분석하고 평가해야 한다. 그리고 여기에 동물적 감각도 있어야 한다.

중국의 사드 보복 이전에 우리나라를 방문하던 중국 관광객들이 가장 많이 구매했던 선물은 우리나라 화장품이었다. 서울 명동 등 거리에는 화장품 로드숍이 요란했다. 이런 초호황이 중국 정부의 사드 보복조치 이후 순식간에 사라졌다. 사람들은 사드 보복이 거리의 화장품 로드숍까지 문 닫게 만들었다고 중국의 조치에 대해 말이 많았다. 그러나 자료를 분석해보면 근본적인 원인이 중국의 보복만으로 일어난 현상이라기보다는 화장품 유통의 중심이 온라인으로 넘어가면서 중국 사람들도 온라인 마켓을 이용하기 시작했고 그 여파로 원 브랜드 로드숍들이 고전하고 있는 것이라고 한다. 그리고 우리나라 사람들이 선호하는 화장품 매장이 최근 원 브랜드 로드숍보다는 다양한 브랜드와 다양한 관련 제품들을 같이 판매하는 편집숍을 선호하는 경향의 발생으로 원 브랜드 로드숍의 매출을 감소시키는 원인이 됐을 것으로 분석됐다. 만약 이런 시장의 트렌드를 모르고 원 브랜드 로드숍을 개점했다면 결과는 좋지 못했을 것이다. 새로운 시도를 하기 전에는 반드시 시장의 흐름과 그 요인에 대한 심층적 이해가 있어야 한다.

한국농수산식품유통공사(aT)의 자료에 따르면 최근 글로벌 식품시장의 트렌드로서 식품안전기준 강화, 채식인구의 증가, 가정간편식(HMR) 열풍, 온라인 식품시장의 성장을 들고 있다. 우리나라의 흐름과 큰 차이가 없다. 각각의 트렌드는 또는 복수의 트렌드는 새로운 비즈니스 모델을 만들어내는데 기여할 수 있다. 농업의 부가가치 창출은 식품시장의 흐름과 분리될 수 없는 관계에 있다.

미국에서는 특히 단백질 강화 식품에 대한 관심이 높다. 기존의 콩이나 두부 제품보다는 이를 대체할 수 있는 식물성 단백질 식품에 대한 관심이 강하다. 대체치즈, 대체육류, 식물성 요거트 등은 성장률이 높다. 예를 들자면 파스타인데 기존의 것보다 단백질과 섬유질이 강화된 새로운 파스타, 두부와 식물성 오일로 만들어진 대체치즈, 아몬드 우유를 사용한 요거트 등이다. 반면에 이탈리아에서는 전통식품을 선호하는 소비트렌드가 계속되고 있으면서도 글루텐프리, 슈퍼푸드 등 건강식품의 시장이 성장하고 있다.

최근 우리나라에서 가장 강력하게 발생하고 있는 트렌드는 미세먼지 관련 분야가 될 것 같다. 미세먼지나 초미세먼지가 20년 전에 없었던 것은 아니다. 그런데 최근 초미세먼지로 인한 다양한 발병 가능성으로 전 국민이 두려워하고 있다. 근로 기준 등에 관한 법적 변화도 사람들의 생활에 광범위한 영향을 미치고 있다. 이러한 현상들은 사람들이 워라밸에 대해 자신의 삶을 재점검하는 계기가 되고 있다. 이 또한 새로운 비즈니스 모델의 창출을 촉진하고 있다.

현대는 경쟁과 협력의 시대다. 경쟁과 협력을 통해서 발전은 이뤄진다. 그래서 경쟁은 건전해야 한다. 그러나 경우에 따라서 극심한 경쟁은 모두에게 고통을 주기도 한다. 그래서 사람들은 경쟁의 고통에서 벗어나고 싶어서 레드오션을 떠나서 블루오션으로 가고자 한다. 그런데 다른 측면에서 바라보면 유의해야 할 점도 있다.

레드오션에는 소비자의 확실한 수요가 있다. 그러니까 많은 사람이 참여해서 경쟁하는 곳이다. 그러나 블루오션에는 당장 확실한 수요가 형성되기 전 상태일 가능성이 높다. 그래서 창의적인 고객가치를 발견해서 블루오션 분야로 진출할 때에는 앞에서 언급한 비즈니스 모델의 다양한 사항들에 대해 더욱 깊이 검토해야 한다.

그런데 그 중간선도 가능하다. 적당히 현재의 시장과 관련돼있으며 적당히 차별화된 고객가치는 리스크를 줄이면서도 블루오션으로써 시장상황을 즐길 수도 있다. 일종의 고객가치에 대한 재정의 작업이다. 창의적 발상법에서 가장 중요한 연결이라는 메커니즘이 여기에서도 작동 가능하다.

2) 비즈니스 트렌드로부터 기회 포착

비즈니스의 양태에서도 트렌드가 나타난다. 세계적으로 정치 및 사회의 역학관계가 바뀐다든지, 새로운 학문적 사조가 나타난다든지, 혁신적 기술이 나온다든지 하면 사람들의 가치관이 변화하고 이에 따라 새로운 비즈니스 분야가 나타나는 것이다. 환경운동으로부터 지속가능성이라는 새로운 개념이 태어나고 이에 사람들은 공감했다. 그리고 지속가능경영이니 지속가능한 사회니 등 다양한 개념들로 연결돼갔다. 이런 영향이 농업 분야에서는 한 번 더 발전해서 농업의 다원적 가치라는 개념도 나왔다. 물론 그 배경에는 미국과 유럽 간의 현실적인 정치 다툼의 결과라는 배경도 있지만 말이다.

인터넷이 발명되고 전자산업과 통신산업이 IT기술을 현실화하고 이어서 ICT의 시대를 열더니 4차산업화 혁명을 이야기하게 됐다. 그리고 5G 기술은 4차산업화 시대를 우리의 생활공간 한가운데에서 꽃 피울 기세다. 4차산업화 시대는 산업 현장의 모습을 완전히 바꾸게 될 것 같다. 사람들의 소비행태도 바꿀 것이다. 그리고 자동차의 근본적 고객 가치를 바꾸게 될지도 모르겠다. 자동차가 단순히 타는 물건이 아니고 인간 개인들의 플랫폼이 되는 것이다. 자동차에 ICT가 들어와서 엔터테인먼트 기능이 추가될 거라는 예측은 이미 진부하다. 그런데 이렇게 빨리 변하면 자동차는 언제 어떻게 사라는 말인가? 사고 나서 2년 후면 퇴물이 될지도 모르겠다는 생각에서다. 그러나 즐거운 고민일 뿐이다. 시대의 흐름에 올라타고 즐기면 된다. 이것이 아마도 4차산업화 시대를 사는 고객의 모습 아닐까 한다.

4차산업화 시대에 먼저 돈을 버는 기업들은 우버(Uber)와 에어비앤비(airbnb)다. 에어비앤비가 탄생한 것은 2008년이며 우버가 생긴 것은 2009년이다. 얼마 전에는 위워크(wework)와 같은 사무실 공유 사이트까지 등장해서 사업을 하고 있다. 이미 서울에서도 성업 중이며 유사한 회사들도 생기고 있다. 우버의 주식 시가총액은 웬만한 자동차 기업을 넘어서고 있다. 최근 우리나라에서도 우버와 유사한 비즈니스 모델의 도입을 놓고 사회적 갈등이 빚어지고 있다. 이러한 갈등을 해소할 수 있는 지혜로운 해결책 즉 창의적인 비즈니스 모델이 나오길 기대한다.

우버나 에어비앤비나 위워크와 같이 유휴자산을 여러 사람이 나눠 쓰도록 하는 체계를 공유경제라고 한다. 다른 말로는 협력적 소비라고도 하고 P2P(Peer to Peer, 개인 대 개인)라고도 한다. 물론 개인 차원에서의 인터넷 통신망이 편리해져서 가능한 비즈니스 모델이지만 정말 창의적인 비즈니스 모델이다. 누구든지 지금 공유할 수 있는 유휴자산이 있다면 아직도 유사한 비즈니스 모델을 만들 수 있다. 심지어 자신이 차별적 재능이 있다면 이것을 서비스화해서 공유할 수도 있다. 물론 이런 일은 오래전부터 많이 있었지만 새로운 시각에서 재정의함으로써 매우 유용한 비즈니스 모델이 되는 것이다.

공유경제의 모태가 된 것은 CSV(Creating Shared Value, 공유가치 창출)다. CSV는 2011년 하버드 대학의 마이클 포터 교수가 논문에서 주장한 개념이다. CSV는 기업이 경제적 이익을 창출하면서도 동시에 사회적 가치를 창출함으로써 자본주의 문제점을 보완할 수 있다고 주장했다. CSV는 상당히 인간의 선의가 반영된 개념이었다. 그러나 현재의 P2P는 새로운 부의 창출 방안으로써 맹활약을 하고 있다. 그런데 CSV는 CSR(Corporate Social Responsibility, 기업의 사회적 책임)로 연결돼있다.

지속가능한 기업이 되기 위해서는 세 개의 축(Triple Bottom Line)이 필요하다고 존 엘킹턴(J Elkington)은 주장했다. 그 세 개의 축은 경제적 성과, 환경적 성과, 사회적 책임을 의미한다. 기업은 경제적 성과를 얻기 위해서 활동하지만 지속가능하기 위해서는 동시에 환경을 보호하고 기업의 사회적 책임을 실현해나가야 한다는 말이다. 그러니 P2P 비즈니스 모델은 사회적 책임과 환경의 보호로 연결이 되는 것이다. 이런 바탕에서 공유가치를 찾는 것이 P2P 사업이다. 농업의 다원적 가치는 이런 속성을 많이 갖고 있다. 농업 분야에서 비즈니스 모델을 구상하는 사람이라면 농업의 사회적 책임에 대해 반드시 생각해보길 바란다.

4차산업화 시대를 구현해가는 비즈니스 모델의 핵심적 요소는 스마트화와 커넥티드화 그리고 인공지능의 이용이라고 하는데 이견이 없다. 앞으로 AI(인공지능)산업이 우리의 사회를 어떻게 바꿀지는 놀라움을 넘어서고 있다. 신의 영역이라고 믿었던 바둑이 인공지능에 의해서 새로운 경지로 들어가고 있다. 요즘 프로 기사들은 인공지능을 이용해 훈련하고 있다고 한다. 인공지능의 이용이 일반 대중들이 쉽게 접근 가능한 수준으로 편리해지면 창의적 사고에 익숙한 사람들은 아마도 더욱 흥미진진한 세상을 살게 될지도 모르겠다. 그러나 사회적 책임 분야에서 활동하는 인공지능 역시 활용되는 범위를 넓혀갈지도 모른다.

농업의 부가가치를 높여가기 위해서는 생산 위주에서 소비 위주로 생각을 바꿔야 한다고 필자는 주장한다. 소비 위주의 농업이란 도시와 농촌을 연결하는 것이다. 이미 많은 사람이 도시와 농촌을 연결하며 생활을 영위하고 있지만 이를 어떻게 정의하느냐의 문제가 있다. 이 부분은 모든 사람들에게 열려있는 새로운 기회의 영역이다.

04

비즈니스 모델 사례
연구

● 세계 최고 품질 올리브유 사업을 위한 비즈니스 모델

주식회사 아라이 올리브의 대표이사 아라이(荒井)는 쇼도시마(小豆島) 출신이다. 쇼도시마는 혼슈와 시코쿠 사이의 내해에 위치한 작은 섬이다. 쇼도시마에는 예로부터 염전이 많았던 연유로 17세기경부터 간장 제조를 많이 했는데 이 섬이 올리브 재배에 적합하다는 것이 알려지고 나서 일본에서 올리브 재배로 유명한 섬이 됐다. 아라이는 원래 대학에서 조원학(造園学)을 전공했다. 올리브 연구로 유명했던 지도교수의 권유로 대학에 남아 조교로서 연구를 계속했다. 부친의 부름으로 쇼도시마에 돌아가게 됐을 때 지도교수의 소개로 주식회사 올리브원에서 올리브 착유작업을 하며 20년간 근무하게 됐다. 그리고 재단법인 쇼도시마 올리브공원에서 10년간 근무한 후 퇴직했다. 그는 올리브 분야에서 30여 년을 일하면서 축적된 자신만의 생각과 아이디어를 비즈니스로 발전시키고 싶었다.

● 고객가치

아라이가 만들고 싶은 올리브유는 세계 최고 품질의 올리브유다. 일반적으로 엑스트라 버진 올리브유(EXV)라 함은 올리브유의 산도가 올레인산 환산치로 0.8% 이하인 것을 말한다. 그런데 아라이는 0.1% 수준의 올리브유를 만들어서 쇼도시마의 올리브유를 세계 최고로 만들고 싶었다. 세계에서 가장 건전한 최고급품의 올리브유를 세상 사람들에게 공급하고 고향 쇼도시마의 올리브 농업을 활성화시키고 싶었다.

● 기술기획 및 원가관리

올레인산 환산치로 0.1% 이하의 올리브유를 만들기 위해서는 우수한 종묘, 적절한 재배법, 최적의 수확 방법, 최고의 착유법, 올리브 열매와 올리브유의 보관 및 저장 방법 등에서 특별한 노력이 필요했다. 달리 표현한다면 차별화를 위한 기술 기획과 원가관리에 대한 전략에 대한 나름대로의 아이디어를 갖게 됐다. 그리고 상품으로서 아라이 올리브유의 가치를 더욱 높게 포지셔닝 하기 위해 포장용기 개발에도 새로운 아이디어를 고안했다. 광, 산소, 온도의 영향을 차단해 올리브유의 열화와 산화 속도를 최소화시킬 수 있는 용기를 개발했다. 제품기획 단계부터 차별화 포인트로써 올레인산 함량의 초차별화로 엑스트라 엑스트라 급의 버진 올리브유를 개발하고자 했다.

● 고객에 대한 정의 및 마케팅전략

주 고객층은 이세탄과 미쓰코시 그룹의 백화점을 통해서 상류층을 겨냥했으며 유명 셰프와 고급 올리브유 마니아층에게는 특별한 관심을 갖고 소통을 이어갔다. 아라이는 자신이 개발한 올리브유를 홍보하기 위해서 스페인과 이탈리아의 전문가들에게 자신의 올리브유에 대한 품질 평가와 측정을 의뢰했다. 데이터에 근거한 과학적인 평가는 고객가치와 마케팅전략에서 매우 중요한 차별화 요소라고 생각했다. 마침내 최고 수준이라는 평가를 받아냈으며 일본 올리브유 소믈리에 협회(一般社団法人 日本オリーブオイルソムリエ協会)의 《세계 베스트 180 올리브유 가이드(世界のオリーブオイル ベスト180)》에 게재되도록 했다. 이러한 평가를 바탕으로 이탈리아의 유명 레스토랑에서 아라이 올리브유라는 설명이 붙은 메뉴를 개발 판매하도록 했다. 국내시장에서 인정받고 세계적

[그림 5-1] 일본의 올리브 섬 쇼도시마(小豆島)

으로 사업을 확장하기 위해서는 세계적으로 인정받는 기관에서 평가를 받는 것이 전략적으로 중요하다. 그럼으로써 자신만의 차별성에 대한 공식적 인증을 받는 것이다. 자사 제품의 우수성에 대한 과학적 자료를 만드는 일은 제품의 차별성을 확보하는데 반드시 필요한 일이다. 막연한 주장으로 제품의 우수성을 주장하는 일은 역효과를 내기 쉽다.

● 경영전략 및 비전

아라이는 EXV급 올리브유가 건강식품으로서, 미식의 대상으로서 앞으로 매우 유망할 것으로 보고 있다. 그가 해외진출의 거점으로 중요시하는 곳은 홍콩, 상하이, 싱가포르, 두바이 등이다. 특히 두바이에 주목하고 있는데 두바이의 초고층 빌딩 내의 레스토랑에서 아라이 올리브유가 사용되도록 노력하고 있다.

올리브는 지중해 연안국에서 많이 재배하고 있다. 주요 생산국은 스페인, 이탈리아, 그리스, 터키 등이며 생산 동향은 그림 5-3과 같다. 이 중에서도 이탈리아는 생올리브의 수출입은 별로 없는데 반해 버진 올리브유의 수입과 수출량에서 다른 나라보다 월등히 많다. 이탈리아는 스페인 등지에서 버진 올리브유를 수입해서 자신들의 노하우로 재가공한 후 엑스트라 버진 올리브유를 만들어 자신들의 브랜드로 고가에 재수출한다. 일본의 아라이는 오랫동안 올리브 업계에서 근무하며 이러한 세계시장의 정황을 잘 알고 있었다. 그리고 일본에서 어떻게 하면 높은 평가를 받으며 세계시장에 진출할 수 있는지를 연구해 왔을 것이다. 지금 그 일을 고향의 올리브 농가와 더불어 펼쳐가는 것이다.

Extra Virgin Olive Oil JAPAN

エキストラバージンオリーブオイルJAPAN

Table Olives オリーブ新漬け

[그림 5-2] 아라이 EXV 올리브유

(출처: http://www.araiolive.co.jp)

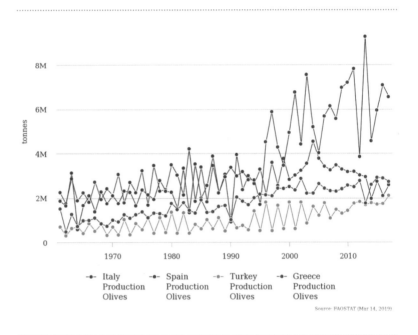

[그림 5-3] 주요 올리브 생산국의 올리브 생산량 동향　　　　(자료: FAOSTAT, 2019. 3.)

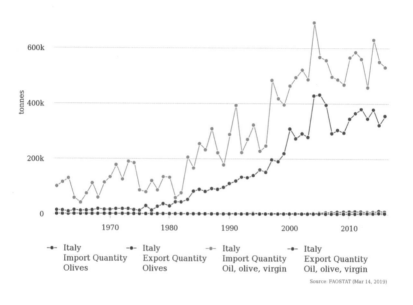

[그림 5-4] 이탈리아의 올리브유 수출입 동향　　　　　　　　　(자료: FAOSTAT, 2019. 3.)

진화하는
세계 쌀시장

세계인구와 식량

　세계인구는 1965년 약 33.4억 명이었는데 50년 후인 2015에 약 73.8억 명으로 늘었다. 50년 사이에 약 221%로 늘었다. 그림 6-1은 세계인구의 추이를 아시아, 아프리카, 유럽, 아메리카로 나눠 나타낸 것이다. 1960년대 이래 세계인구의 증가는 주로 아시아 인구의 증가에 의해서 이뤄졌다. 1965년부터 2015년 사이에 약 234%로 증가했다. 그다음으로 인구 증가가 이뤄지는 지역은 아프리카다. 상대적으로 아직 인구 수가 많지는 않지만 1965년부터 2015년 사이에 약 372%로 증가했다. 유럽의 인구는 이 기간에 약 116%로 증가했다. 50년간 증가 폭이 약 16%이니 실질적으로 큰 변화는 없다.

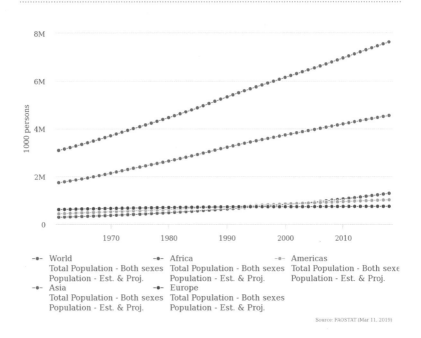

8M

6M

4M

2M

0

1000 persons

1970   1980   1990   2000   2010

-•- World
Total Population - Both sexes
Population - Est. & Proj.
-•- Asia
Total Population - Both sexes
Population - Est. & Proj.

-•- Africa
Total Population - Both sexes
Population - Est. & Proj.
-•- Europe
Total Population - Both sexes
Population - Est. & Proj.

-•- Americas
Total Population - Both sexe
Population - Est. & Proj.

Source: FAOSTAT (Mar 11, 2019)

[그림 6-1] 세계인구와 지역별 인구의 증가 추이　　　　　(자료: FAOSTAT, 2019. 2.)

　　세계인구의 증가 추세로 볼 때 식량의 기초가 되는 옥수수, 밀, 콩, 쌀의 생산 추이는 그림 6-2와 같다. 1965년 세계 총 곡물류의 생산량은 약 10.0억 톤이었는데 2015년 세계 총 곡물류 생산량은 28.6억 톤으로 이 기간에 약 286%로 증가했다. 세계인구의 증가보다는 약간 상회하는 수준이다. 세계 곡물 생산량에서 특이한 점은 2000년 이후 옥수수의 생산량이 급증하고 있는데 이것은 옥수수가 그림 6-3에서 보는 바와 같이 축산물의 급격한 생산 증가로 인한 사료로서의 용도와 대표적 바이오연료인 에탄올의 생산 원료로서 많이 사용됐기 때문이다.

쌀의 세계 생산량은 1965년 대비 2015년 293%로 증가했다. 이 기간 아시아의 인구는 234%로 증가했다. 쌀 생산의 증가율이 인구 증가보다 많았다. 그만큼 쌀을 아시아 이외의 지역으로 수출할 수 있는 여력이 확보된 것이다.

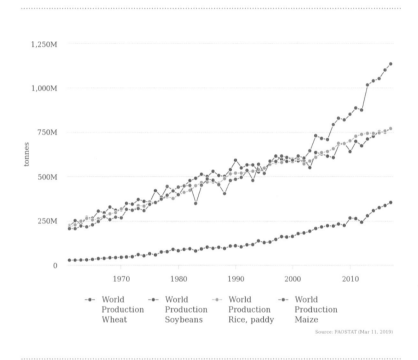

[그림 6-2] 옥수수, 밀, 벼, 콩의 세계 생산량 추이　　　　　　　(자료: FAOSTAT, 2019. 2.)

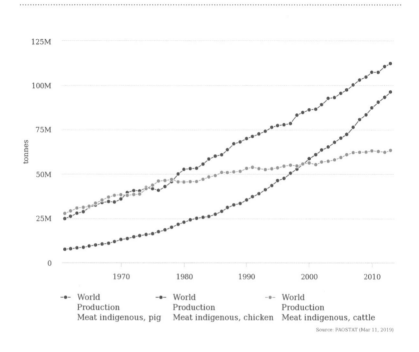

Source: FAOSTAT (Mar 11, 2019)

[그림 6-3] 돼지고기, 닭고기, 소고기의 세계 생산량 추이   (자료: FAOSTAT, 2019. 2.)

지역별 쌀의
수출입 동향

1950년대부터 세계에서 쌀을 가장 많이 수출하던 지역은 동남아시아다. 그림 6-4에서 보는 바와 같이 동남아시아의 쌀 수출량은 1980년대부터 빠른 속도로 증가했다. 2010년 이후에는 인도, 파키스탄 등 남아시아 지역의 쌀 수출이 급격히 늘어났다. 이들 지역의 쌀 수출량이 급격히 증가하는 배경에는 세계경제의 글로벌화가 있다. 동남아시아의 경제발전을 자극한 것은 글로벌 투자자금이 들어오면서부터 시작됐다. 지역경제가 글로벌경제 체제에 편입되면서 쌀 수출 여건도 개선됐다. 동남아시아 국가들은 수출을 통한 경제발전 전략을 추진하고 있기 때문이다. 2010년 이후 남아시아에서 쌀 수출이 급격히 증가한 것도 이 지역 경제의 글로벌경제 체계 편입의 결과다. 남아시아의 국가들 역시 수출을 통한 경제발전 전략을 채택하고 있다.

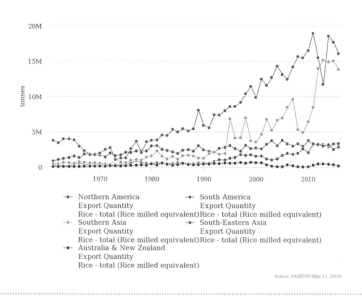

[그림 6-4] 세계 지역별 쌀 수출량 변화 추이　　　　　　　　　(자료: FAOSTAT, 2019. 2.)

　　글로벌경제 체제에 편입됐다는 말은 FDI(Foreign Direct Investment, 외국인
직접투자) 자금에 민감한 경제가 됐다는 뜻이기도 하다. 동남아시아나
남아시아의 경제는 글로벌 자금의 흐름에 매우 민감하다. 어떤 면에서
는 취약하다고까지 할 수 있다. 외환위기를 겪기 쉽다는 말이다. 외환
위기 가능성을 가장 잘 나타내는 지표는 환율이며 환율은 그 나라의
경상수지와 깊게 연관돼있다. 외환보유고를 일정 수준으로 유지해야
자국 통화의 환율을 방어하고 외환위기를 방지할 수 있다. 그런데 쌀
수출을 통한 외화 획득은 외환보유고 유지에 매우 도움이 된다. 벼농
사를 짓는 데는 공업 분야만큼 외국 자금이 들어가지 않기 때문에 벼
농사는 순도 높은 외화 획득 수단인 것이다. 따라서 동남아시아나 남

아시아 국가들은 농산물 수출에 국가적 관심을 갖고 있다. 그림 6-5는 일례로 미얀마의 쌀 수출 경로를 나타낸 것이다. 인근 국가 간에도 쌀을 수출하고 수입하는 등 활발한 교역이 이뤄지고 있다.

그림 6-6은 세계 지역별 쌀 수입 동향을 나타낸 것이다. 아시아는 쌀 수출 지역이면서 동시에 수입 지역이다. 대표적인 쌀 수입 국가는 중국, 인도네시아, 필리핀, 방글라데시 등이다. 세계적으로 인구 대국들이다. 주요 쌀 수출 국가는 태국, 베트남, 미얀마 등이다. 아시아 지역에서의 쌀 수입량은 지속적으로 상승하고 있다.

그러나 더 빠른 속도로 쌀 수입량을 늘리는 지역은 아프리카다. 아시아와 아프리카의 인구 증가 속도는 빠를 뿐 아니라 경제발전 속도도 세계 다른 지역보다 빠르다. 과거 아프리카 지역의 식량 사정은 매우 열악했다. 질적으로도 매우 낮은 수준의 식량이 공급되고 있었다. 그러나 아프리카의 경제도 2000년대에 들어서면서부터 빠른 속도로 발전하고 있다. 경제발전에 따라 아프리카 사람들이 선호하는 곡물 중에서도 쌀에 대한 수요가 빠르게 늘고 있다. 그림 6-6을 보면 아프리카의 쌀 수입량 증가 속도는 아시아보다 빠르며 곧 아시아를 추월할 기세다. 특히 서아프리카 지역에서 쌀에 대한 수요가 급격히 증가하고 있다.

아프리카의 경제발전 속도가 빨라지고 있지만 아직 경제적 수준은 동남아시아보다는 못하다. 따라서 아프리카에서는 동남아시아에서 쌀을 수입할 때 쇄미(싸라기)를 우선적으로 수입하는 경향이 있다. 쇄미는 벼의 도정 과정에서 나오는 부산물이다. 동남아시아에서 쇄미 가격은 완전미의 1/10 정도 수준이다. 그런데 쇄미는 아프리카에서 나름의 식감을 인정받는 경우도 있다고 한다. 동남아시아의 쌀 수확 후 처리기술(Post Harvest Technology) 수준은 아직도 낮다. 게다가 동남아시아의 장립종 쌀은 세심하게 관리하지 않으면 건조 및 도정 과정에서 쇄미의 발생을 높이게 된다. 그렇다고 아프리카에서 수입하는 모든 쌀이 쇄미 상태라는 것은 아니다.

아프리카의 쌀 재배 및 생산 관련 기술의 수준은 매우 낮다. 따라서 그들은 동남아시아나 동아시아로부터 벼 재배 및 가공기술 도입을 매우 강하게 원하고 있다. 세계에서 벼 재배 및 가공 기술은 우리나라와 일본의 수준이 가장 높은 단계다. 벼 재배 및 가공 관련 기술은 우리나라를 포함한 동아시아로부터 동남아시아를 거쳐 아프리카로 흘러갈 것이다. 그리고 쌀의 직접적인 수출은 동남아시아로부터 아프리카로 흘러갈 것이다. 그러나 쌀 가공 및 신제품 관련 기술은 동아시아 국가들로부터 세계로 퍼져 나갈 것으로 예상된다. 벼농사와 쌀 가공 분야에서 우리나라는 분명히 경쟁력과 기회를 갖고 있다. 이 기회를 장기적으로 살려나가야 한다.

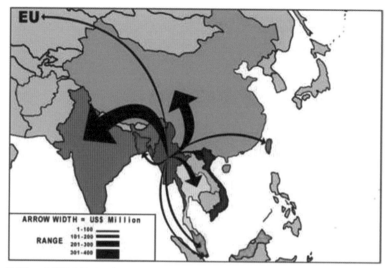

[그림 6-5] 미얀마의 쌀 수출 경로　　　　　　　　　　　　(자료: 미얀마 통상부, 2016. 11.)

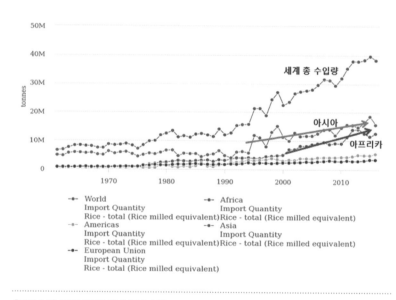

[그림 6-6] 세계 지역별 쌀 수입량 추이　　　　　　　(자료: FAOSTAT, 2019. 2.)

03

세계인구 예측과
농업

　그림 6-7은 UN에서 세계인구를 예측한 자료다. 아시아 지역의 인구는 2050년경까지 지속적으로 증가할 것으로 예측하고 있다. 인구가 증가한다는 것은 특별한 이변이 일어나지 않는 한 GDP를 증대시키면서 경제가 발전할 것이라는 예측을 가능하게 하는 일이다. 그러나 2050년 이후부터는 아시아 지역의 인구는 감소할 것으로 예측하고 있다. 아시아 그중에서도 동남아시아 지역의 경제발전을 위한 골든타임은 2050년까지다. 이때까지 선진국으로 진입할지 또는 중진국 함정에 빠질지는 알 수 없다. 이 점은 우리나라도 아직은 마찬가지다. 선진국 진입 초기이지만 조금 더 성장의 여유분을 확보해야 한다. 2018년 우리나라의 인당 GNI가 3만 불을 넘어서기는 했지만 앞으로 마이너스 성장을 하는 사태가 생기지 않을 것으로 예단할 수 없다. 일본도 생산가능인구

감소기에 GDP의 연간 성장률이 마이너스를 기록한 해가 4번이나 있었다.

2050년 이후 세계경제의 발전을 이끌어갈 지역은 아프리카다. 그림 6-7에서 보면 아프리카의 인구는 2050년을 지나 2100년까지도 계속 증가할 것으로 예측된다. 이 점이 우리나라 농업 분야가 놓치지 말아야 할 점이다. 아프리카는 미래 기회의 땅이다. 이미 다양한 분야에서 아프리카 진출을 추진 중이지만 농업 분야에서도 이런 움직임을 강화해야 한다. 미래의 기회가 있는 아프리카에서의 경쟁은 벌써 시작됐다.

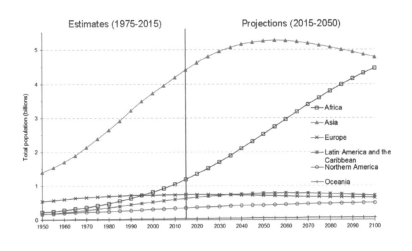

[그림 6-7] 아시아와 아프리카의 인구 예측　　　(자료: UN 인구 예측, 2017)

04

세계 곡물의 수요 및 공급과
농업 경기 예측

세계 농업 경기 예측과 관련해서 FAO에서 발표하는 세계적 곡물의 수요와 공급 그리고 재고에 관한 자료는 가장 기본적이면서 매우 유용하다. 그림 6-8에서 보는 바와 같이 현재의 세계 곡물시장은 2013년 이후 재고 과다 상태의 연속으로 국제 곡물 가격은 2008년 이래 매우 낮은 수준에 머물러 있다.

세계 곡물 재고는 2012년까지 약 24억 톤 수준을 유지하고 있었으나 2013년부터 세계 곡물 재고가 급격히 증가하고 있다. 그 이유는 세계적인 곡물의 이용량(Utilization)보다 공급량(Production)이 급격히 증가했기 때문이다. 세계적으로 곡물의 이용량은 인구증가에 따라 거의 직선적으로 증가하나 곡물의 생산량은 변화의 정도가 심하다.

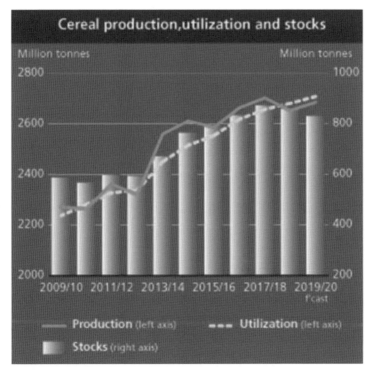

Cereal production, utilization and stocks

Million tonnes

2800

2600

2400

2200

2000

Million tonnes

1000

800

600

400

200

2009/10 2011/12 2013/14 2015/16 2017/18 2019/20
f'cast

—— Production (left axis)   - - - Utilization (left axis)

▮ Stocks (right axis)

[그림 6-8] 세계 곡물의 수요 공급과 재고 추이   〔자료: FAO, 2019. 7.〕

세계적으로 곡물의 생산량이 증가한 원인으로 가장 주목되는 것은 곡물 수확면적의 변화다. 그림 6-9에서 보는 바와 같이 1980년경에 세계 곡물 수확면적은 7억2천만 ha를 상회했다가 지속적으로 감소해 2002년경에는 6억6천만 ha까지 감소했다. 이후 세계경제의 호조에 힘입어 다시 지속적으로 증가했으며 국제 곡물 가격은 높은 수준을 이어갔다. 그러나 2009년 세계 금융위기를 맞아 2011년까지 세계적 경기 위축을 예상한 곡물 재배면적은 감축됐으나 당시의 엘니뇨와 라니냐 등 이상기후현상의 빈발은 2013년까지 국제 곡물 가격을 유지할 수 있는 여건을 이어가게 했다. 2000년대 이후 2013년까지 세계적으로 농업 관련 산업은 호경기를 이어갔다.

그러나 2013년 중반 이후 상황은 반전되기 시작했다. 미국 연준에서는 금융위기 이후 지속하던 양적완화 정책을 멈추고 양적완화를 축소하는 테이퍼링(Tapering) 정책을 발표하면서 세계경제는 미래에 대한 불확실성의 증가로 다시 위축되기 시작했다. 그런데 세계적으로 곡물의 수확면적은 2011년부터 경쟁적으로 늘어나고 있었다. 당시의 높은 국제 곡물 가격이 농업에 대한 투자를 늘리고 있었다. 게다가 2013년 이후 이상기후의 발생은 급격히 감소했다. 그 결과가 그림 6-8에서 보는 바와 같이 세계 곡물 공급량의 증가와 세계 곡물 재고의 급격한 증가로 나타나고 있다.

2013년 중반 이후 국제 곡물 가격은 매우 낮은 수준에 머무르고 있다. 세계적으로 농업생산자들과 관련 산업 분야는 극심한 불황을 겪어야 했다. 이런 상황은 2018년부터 미약하게나마 개선되는 모습을 보이고 있다. 낮은 곡물 가격에 지친 세계의 곡물 생산자들이 재배규모를 축소하기 시작한 것이다. 그리고 이러한 움직임은 2019년에도 이어져 세계 곡물 재고를 서서히 감축하는데 성공하고 있다. 그러나 세계 곡물 재고량은 아직도 26억 톤 이상의 수준이며 24억 톤 수준까지 낮아질 때까지는 상당한 시간이 필요할 것으로 예측된다. 이런 상황에서 2018년 후반부터 불거진 미국과 중국 간의 무역 분쟁은 세계 농업 경기의 회복에 또다시 불확실성을 증가시키고 있다.

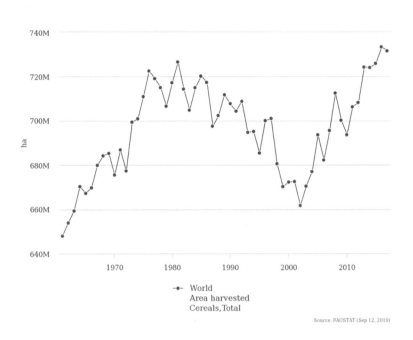

740M

720M

700M

ha

680M

660M

640M

1970   1980   1990   2000   2010

-•- World
      Area harvested
      Cereals, Total

Source: FAOSTAT (Sep 12, 2019)

[그림 6-9] 세계 곡물의 수확면적 추이   (자료: FAOSTAT 2019. 9.)

2000년대에 들어와서부터 세계경제는 글로벌화가 더욱 강화되고 있다. 세계적으로 자본의 이동과 노동력의 이동에 관한 제약이 점점 낮아지고 있다. 기술의 디지털화와 표준화는 기술의 이전을 더욱 쉽게 만들고 있다. 이러한 현상들로 세계경제는 글로벌화가 촉진되고 있다. 세계의 모든 경제주체는 글로벌 시각에서 자신들의 경제활동을 바라보고 있으며 글로벌 전략을 가지지 못한 경제주체들의 경쟁력은 점점 약화되고 있다.

글로벌경제 체계는 경제의 양극화를 심화시킨다는 지적도 있지만 역동적인 시장을 찾아가는 경제의 본질적 특성은 생각한다면 단편적인 반대보다는 그 부작용을 완화할 수 있는 방법을 연구하는 일 또한 글로벌 전략의 중요한 한 부분이 될 것이다. 현재 세계경제에서 가장 역동적인 시장은 동남아시아 국가들을 포함해 신흥국시장이 이에 해당한다. 향후 40~50년의 인구구조 변화를 고려한다면 더욱 그렇다. 동남아시아 국가들의 강력한 농업환경의 경쟁력은 우리나라 농업 분야에서 반드시 고려해야 하는 전략적 연구 대상이다.

우리나라의 농업 또한 이런 세계경제의 글로벌화 현상에서 벗어나기는 쉽지 않다. 오히려 세계경제의 글로벌 구도를 바라보며 창의적인 시각에서 기회를 찾는 노력이 필요하다. 우리가 가진 전략적 비교우위에 창의적 노력을 강화해야 한다. 이런 의미에서 이 책의 마무리에서 세계 농업의 글로벌 구도를 설명했다. 아래 그림들은 우리가 손쉽게 접할 수 있는 글로벌 농업의 현장 사례들이다.

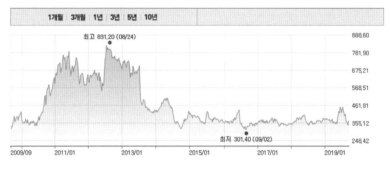

368.75센트/부셸 ⑦ **전일대비 ▲1.50 (+0.41%)**　　　📰 2019.09.13 CBOT 기준

| 1개월 | 3개월 | 1년 | 3년 | 5년 | 10년 |

최고 831.20 (08/24)

888.60
781.90
675.21
568.51
461.81
355.12
248.42

최저 301.40 (09/02)

2009/09　2011/01　2013/01　2015/01　2017/01　2019/01

[그림 6-10] 옥수수의 국제가격 변화 추이　　　(자료: NAVER 원자재, 2019. 9.)

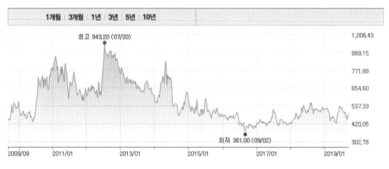

483.50센트/부셸 ⑦ **전일대비 ▼0.25 (-0.05%)**　　　📰 2019.09.13 CBOT 기준

| 1개월 | 3개월 | 1년 | 3년 | 5년 | 10년 |

최고 943.20 (07/20)

1,006.43
889.15
771.88
654.60
537.33
420.05
302.78

최저 361.00 (09/02)

2009/09　2011/01　2013/01　2015/01　2017/01　2019/01

[그림 6-11] 밀의 국제가격 변화 추이　　　(자료: NAVER 원자재, 2019. 9.)

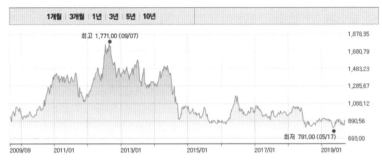

898.75 센트/부셀 ⑦ 전일대비 ▲3.25 (+0.36%)   2019.09.13 CBOT 기준

| 1개월 | 3개월 | 1년 | 3년 | 5년 | 10년 |

최고 1,771.00 (09/07)

1,878.35
1,680.79
1,483.23
1,285.67
1,088.12
890.56
최저 791.00 (05/17)   693.00

2009/09   2011/01   2013/01   2015/01   2017/01   2019/01

[그림 6-12] 대두의 국제가격 변화 추이   (자료: NAVER 원자재, 2019. 9.)

마무리하며

이번 책을 준비하고 집필을 시작한 것은 2019년 1월 즈음이었다. 그리고 3월경에 학회 측의 요청으로 동남아시아 농업기계화 관련 정책 연구를 수행하느라 뒷전으로 밀리는 비운이 있었다. 미뤘던 일을 다시 시작하는 일은 생각만큼 간단치 않다. 생각의 줄거리를 다시 꺼내 잡아야 하며 준비해뒀던 자료들과도 다시 친해져야 한다. 그렇지만 그 기간만큼 마음이 저절로 비워지면서 간단명료해지는 효과는 있었다. 최초의 기획안에서 많은 부분을 덜어내고 나니 마음이 편해졌다.

덜어내는 마음을 눈치챈 것일까, 출판사 측에서 맺음말을 써달라고 한다. 그리고 창의적 제품기획이나 비즈니스 모델에 관한 우리나라 사례를 보완해달라고 한다. 그렇지만 우리나라 사례에 대한 추가 요청에 나는 협력하지 않는 것이 좋겠다는 생각이다. 왜냐하면 그동안 살아오면서 많은 우수 연구사례가 세상에 알려져서 오히려 부작용을 겪는 일이 적지 않았기 때문이다. 긍정적 효과보다 염려되는 부분이 예상된다면, 염려가 예상되는 부분을 먼저 배려해주는 것이 더 중요하다고 생각한다. 요즘 세태를 보면 사회적 미덕이 혼란에 빠져 있다는 생각이 든다.

필자의 경험으로 본다면, 사람들이 행복해지는 순간은 어떤 아이디어가 떠오르기 전 마음이 고요한 상태에 머물 때다. 모든 번민은 어느 틈엔가 다 사라지고 마음과 몸이 고요하다. 그렇게 잠시 시간이 지나면서 어디선가 통찰의 순간이 찾아온다. 그리고 나는 지금이 창의적 생각이 태어나는 순간이라는 것을 알아차린다. 그레이엄 월러스(Graham Wallas)가 표현하고자 했던 통찰의 순간이 아마도 이런 느낌일 것으로 생각한다. (본문 제3장 01 참조) 창의적 아이디어를 얻었을 때 사람들은 행복하다. 또는 그 이전 단계인 몸과 마음이 고요해지면서 통찰의 순간을 기다리고 있을 때가 더 행복할지도 모르겠다. 필자가 이러한 경험을 인지하고 활용하기 시작한 것은 이미 40여 년 전부터다. 독자들께서는 필자의 40여 년쯤 되는 경험이니 이에 대해 의구심을 갖지는 말기 바란다. 또는 더 정확히 말하자면 이미 독자들은 이런 경험을 많이 갖고 있지만 스스로 인식하지 못하기 때문에 통찰의 순간에 대한 믿음이 약하다고도 할 수도 있다.

사람들은 창의적 통찰의 경험을 갖고 있지만 여전히 그런 순간을 마주하기가 그렇게 쉽지는 않다. 따라서 이 책에서는 이런 생각이 쉽게 나오도록 하는 과정을 모델화해서 생각의 길잡이로 사용되길 바라고 있다. 현대사회에서 아이디어라고 하는 것은 다양한 형태로 태어난다. 우리가 좋아하는 대중가요의 가사나 멜로디 그리고 대중가요의 느낌을 더욱 경이롭게 해주는 다양한 음악 작업들은 창의적 아이디어들의 정수다. 이뿐이겠는가? 위대한 미술가, 음악가, 문학 작가들 그리고 수많은 과학자, 엔지니어의 놀랍도록 아름답고 감동적인 모든 것들은 이렇게 태어났을 것이다.

필자는 이 책의 제목이 다소 황당한 느낌을 줄지도 모르겠다는 생각을 한다. 《선진국을 만드는 농업인》이라니. 전작의 제목은 《농업은 미래성장 산업인가》였다. 농업을 단기적으로 본다면 미래성장 산업이기 쉽지 않을 수 있다는 의문점을 암시하고 있다. 그래서 다양한 부분들에 대해 거론했다. 그런데 이번 책의 시작은 우리나라 농업생산자의 부가가치 생산액이 이탈리아보다 너무나 뒤떨어져 있다는 놀라움에서 비롯됐다. 우리나라는 이미 초기 선진국 수준에 와 있다. 가까운 예로, 이탈리아의 구매력기준 인당 GDP는 38,200 US$인데 우리나라는 39,500 US$이고 일본은 42,900 US$다. 대표적 선진국인 영국은 44,300

US\$이며 프랑스는 44,100 US\$다. 그런데 우리나라 농업인들의 부가가치 생산액은 이탈리아 농업인의 약 50% 수준에 불과하다. (본문 그림 1-7 참조) 이 정도의 차이가 나고 있음에도 우리나라가 선진국이 될 수 있다는 것은 우리나라 사회와 농업에 매우 심각한 문제가 생기고 있다는 생각이 들었다. 그래서 우리나라의 경제와 농업의 위치를 점검해보게 됐다.

대안을 찾는 일은 더 많은 작업과 더 깊은 통찰력이 필요한 일이다. 필자 1인의 지식과 경험으로 감당하기에는 쉬운 일이 아니었다. 그런데 다음과 같은 경험이 작은 아이디어를 떠오르게 했다. 필자는 전통시장에 가는 것을 좋아한다. 좌판에서 토마토를 팔고 있는 아주머니에게 물어봤다. 여기 있는 색깔 좋고 크기도 균일한 토마토는 한 팩에 2,000원인데 저기 있는 색과 크기가 균일하지 않은 토마토는 왜 2,500원이냐고. 아주머니의 답은 2,000원짜리는 유리온실에서 재배한 것이고 2,500원짜리는 노지재배라서 맛이 더 좋다고 한다. 그래서 두 가지를 모두 사서 맛을 확인했다. 노지재배 토마토의 맛이 더 좋았다. 이런 경험이 갑자기 생각 속에 떠오르며 네덜란드와 이탈리아 농업의 특징과 경쟁력을 비교한다면 우리나라의 농업이 나아갈 길을 말해줄지도 모르겠다는 생각을 들었다. 그리고 우리나라의 농업인들이 선진국 수준이 되기 위해서는 창의적 비즈니스 모델의 개발이 필요하겠다는 생각을 하게 됐다.

창의적 아이디어는 사람들에게 희망을 준다. 희망은 미래에 대한 불확실함을 줄여주기 때문에 사람들을 행복하게 느끼도록 한다. 그렇지만 희망을 현실로 실현할 수 있는 구체적이고 실천 가능한 또 다른 아이디어를 연속해서 떠올리지 못하면 그 행복감은 오래가지 못한다. 이럴 때 우리는 희망고문이라는 말을 사용하곤 한다. 모든 사람에게 충분한 여건과 상황이 주어져 있는 것은 아니다. 현재의 상황에서 최선의 선택을 하면서 한발 한발 나아가는 것일 뿐이다. 그런데 이때 반드시 잊지 말아야 할 사실은 작은 행복과 작은 희망을 찾아가는 길에 자신만의 자유로움을 놓치지 말아야 한다는 점이다. (초인지적 자아, Metacognition, 본문 제3장) 그래야 방향을 찾고 유지할 수 있기 때문이다.

필자는 요즘 아이디어가 필요할 때면 산책을 한다. 필자가 기업에 있을 때, 어떤 중요한 결정을 앞두고 뚜렷한 판단이 서지 못할 때면 화장실을 찾았다. 무념무상의 순간 가운데 반드시 아이디어가 떠오르곤 했다. 우스갯소리 같지만 사실이다. 누구든지 자기 자신만의 습관과 특징이 있다. 이것을 믿어야 한다. 도시와 농촌에 거주하는 독자들의 건투를 빌며 우리나라 농업인들과 잠재적 농업인들까지 포함해서 모두 같이 선진국에서 살 수 있길 바라는 마음일 뿐이다.

2019년 가을 어느 날
저자 농학박사 남상일

선진국을 만드는 농업인

초판 1쇄 인쇄 2019년 11월 01일
초판 1쇄 발행 2019년 11월 07일

지은이 남상일
펴낸이 류태연

편집 이소라 **디자인** 변예슬 **마케팅** 유인철

펴낸곳 렛츠북
주소 서울시 마포구 양화로6길 57-14, 2층(서교동)
등록 2015년 05월 15일 제2018-000065호
전화 070-4786-4823 **팩스** 070-7610-2823
이메일 letsbook2@naver.com **홈페이지** http://www.letsbook21.co.kr

ISBN 979-11-6054-328-5 13320